Zen in der Kunst des Schreibens

Ray Bradbury

Zen in der Kunst des Schreibens

Kreativtechniken
eines Schriftstellers von Weltrang

Aus dem Amerikanischen von Kerstin Winter

Autorenhaus

Bibliografische Information der Deutschen Bibliothek
Die Deutsche Bibliothek verzeichnet diese Publikation in der Deutschen
Nationalbibliografie; detaillierte bibliografische Daten sind im Internet über http://
dnb.de abrufbar.

© 2003 Ray Bradbury
Published by Arrangement with Kensington Publishing Corp., New York
Titel der Originalausgabe: *Zen in the Art of Writing*

Capra Press 1990, Bantam 1992,
Joshua Odell Editions, Santa Barbara, 1994
Einzelne Essays sind in verschiedenen Buchausgaben und Zeitschriften erschienen.
Zen in der Kunst des Schreibens und *Die Freude am Schreiben* sind 1987 bei Sphinx,
Basel erschienen, wurden für diese Ausgabe jedoch neu übersetzt.

Buchdesign: Sigrun Bönold

Vierte Auflage
© 2003/2024 Autorenhaus-Verlag GmbH, Berlin
ISBN 978-3-86671-135-8

Nachdruck, auch auszugsweise, nur mit schriftlicher Genehmigung des Verlags,
die Verwendung in anderen Medien oder in Seminaren, Vorträgen etc. ist verboten.
Umwelthinweis: Dieses Buch wurde auf chlor- und säurefreiem Papier gedruckt.
Druck und Bindung: CPI books GmbH, Leck
Printed in Germany

Für meine beste Lehrerin
Jennet Johnson
in Liebe

Inhalt

Vorwort 11

Die Freude am Schreiben 17

Losrennen, Erstarren 27

Wie man eine Muse hält und nährt 45

Betrunken, am Steuer eines Fahrrads 65

Das Groschengrab: Fahrenheit 451..................... 87

Diesseits von Byzanz: Löwenzahnwein 97

Der lange Weg zum Mars 109

Auf den Schultern von Giganten 119

Der geheime Geist 131

Haufenweise Haiku filmen 145

Zen in der Kunst des Schreibens 159

Abweichende Titel erwähnter Bücher oder Stücke
von Ray Bradbury.................................... 178

Ray Bradbury 179

Wie man den Baum des Lebens erklimmt,
sich selbst mit Steinen bewirft und wieder
herabsteigt, ohne sich den Hals zu brechen
und den Verstand zu verlieren.

Ein Vorwort mit einem Titel, der kaum länger ist als das Buch selbst.

Noch immer staune ich hin und wieder darüber, dass ich schon als Neunjähriger in der Lage war, die Falle als solche zu erkennen und ihr zu entgehen.

Wie kann es sein, dass der Junge, der ich im Oktober 1929 war, wegen der boshaften Bemerkungen seiner Schulkameraden seine Buck-Rogers-Comics zerriss, um einen Monat später seine Freunde als Idioten zu bezeichnen und sich wieder ganz dem Sammeln von Comics zu widmen?

Woher kam dieses Urteilsvermögen, diese Stärke? Welche Erkenntnis hatte mich schließlich dazu gebracht, einzusehen, dass mein Leben wie es danach war, mir nichts mehr bedeutete? Ich fragte mich: Was bringt mich um? Woran leide ich? Was ist das Heilmittel?

Offensichtlich war ich in der Lage, diese Fragen zu beantworten. Ich konnte die Krankheit benennen: das Zerfetzen meiner Comics. Ich fand ein Heilmittel: weitersammeln. Um jeden Preis.

Ich tat es. Und wurde gesund.

Dennoch. In *diesem* Alter? In einem Alter, in dem es nichts Wichtigeres gibt, als sich dem Gruppenzwang zu beugen?

Woher nahm ich den Mut, mich aufzulehnen, mein Leben zu ändern, mich zu isolieren?

Ich will die Bedeutung dieser Geschichte nicht überschätzen, aber verdammt!, ich liebe diesen Neunjährigen, wer zum Teufel er auch gewesen sein mag. Ohne ihn gäbe es die Person, die das Vorwort zu diesen Essays schreibt, nicht.

Zum Teil liegt die Antwort auf die oben gestellten Fragen darin, dass ich vollkommen verrückt war nach Buck Rogers; ich konnte nicht zulassen, dass meine große Liebe, mein Held, mein Leben vernichtet wurde. So simpel war es – beinahe. Es war, als ob der absolut beste, meistgeliebte Gefährte, der Freund-in-allen-Lebenslagen, der Mittelpunkt des Daseins ertränkt oder erschossen werden würde. Freunden, die so umgekommen sind, kann das Begräbnis nicht erspart bleiben. Aber Buck Rogers konnte ein zweites Leben erfahren – wenn ich es ihm schenkte. Ich hauchte ihm meinen Atem ein, und siehe da! Er rappelte sich auf und fragte: »Was nun?«

Schrei! Lauf! Spiel! Übertrumpfe diese Dreckskerle. Sie werden niemals das Leben führen, das du führst. *Tu es!*

Na ja, *Dreckskerle* habe ich natürlich nicht gesagt. Solche Ausdrücke waren verboten. »Mist!« kommt der Kraft und Wirkung meines damaligen Aufschreis näher. *Bleib am Leben!*

Ich sammelte also Comics, verliebte mich in Rummelplätze und Weltausstellungen und begann zu schreiben. Und was, fragen Sie, lehrt uns das Schreiben?

Zu allererst und hauptsächlich erinnert es uns daran, dass wir am Leben *sind* und dass Leben eine Gabe und ein Privileg ist – kein Recht. Wir müssen uns das Leben verdienen, sobald es uns geschenkt worden ist. Das Leben will belohnt werden, weil es gerade uns ausgesucht hat.

Und obwohl uns unsere Kunst nicht, wie wir es uns wünschen würden, vor Kriegen, Entbehrungen, Neid, Gier, Verfall oder Tod bewahren kann, kann sie uns doch inmitten all dessen erwecken.

Zweitens: Schreiben heißt Überleben. Jede Kunst, *jede* gute Arbeit, bedeutet das natürlich.

Nicht zu schreiben ist für viele von uns so viel wie sterben.

Jeden neuen Tag müssen wir wieder zu den Waffen greifen. Auch wenn wir vielleicht wissen, dass die Schlacht nicht gänzlich gewonnen werden kann, müssen wir doch kämpfen, und sei es nur ein leichtes Gefecht. Jede noch so kleine Anstrengung bedeutet am Ende des Tages eine Art von Sieg. Hören Sie auf den Pianisten, der einmal sagte:

Wenn ich einen Tag nicht übe, merke ich es, wenn ich zwei Tage nicht übe, merken meine Kritiker es, und wenn ich drei Tage nicht übe, merkt mein Publikum es.

Dies ist in gewisser Hinsicht auch auf Schriftsteller übertragbar. Was nicht heißt, dass sich Ihr Stil – was immer das sein mag – in diesen paar Tagen verformen würde.

Was aber geschieht, ist, dass die Welt Sie wieder einzuholen beginnt und Sie zu schwächen versucht. Wenn Sie nicht jeden Tag schreiben, sammelt sich das Gift der Wirklichkeit in Ihnen und Sie beginnen zu sterben oder durchzudrehen – oder beides.

Bleiben Sie berauscht vom Schreiben, damit die Realität Sie nicht vernichten kann.

Denn das Schreiben liefert Ihnen die richtigen Rezepte für die Wahrheit, das Leben, die Wirklichkeit – so natürlich, wie Sie essen, trinken und verdauen, ohne dabei in Ihrem Bett nach Luft zu schnappen und wie ein Fisch auf dem Trockenen hilflos herumzuzappeln.

Ich habe auf Reisen die Erfahrung gemacht, dass ich mich unwohl fühle, wenn ich einen Tag vergehen lasse, ohne zu schreiben. Nach zwei Tagen beginne ich zu zittern. Drei und ich vermute Wahnsinn. Vier und ich könnte ebenso gut ein Wildschwein sein, das sich im Schlamm suhlt. Eine Stunde schreiben wirkt stärkend wie ein Kräftigungsmittel. Ich bin auf den Füßen, laufe im Kreis umher und brülle nach einem sauberen Paar Socken.

Und das ist es mehr oder weniger, worum es in diesem Buch geht.

Darum, dass sie jeden Morgen Ihre Dosis Arsen nehmen, um bis zum Sonnenuntergang zu überleben. Und eine weitere Dosis bei Sonnenuntergang, damit Sie bis zum Morgenrot mehr als nur überleben.

Diese Mikrodosis Arsen, die Sie hier verabreicht bekommen, soll Sie davor bewahren vergiftet und vernichtet zu werden.

Die Dosis heißt Arbeit mitten im Leben. Manipulieren Sie das Leben, schleudern Sie die hellleuchtenden Sterne hoch hinauf, dass sie sich mit der Finsternis verbinden und Variation verschiedener Wahrheiten entstehen. Wir nutzen die großartigen und wunderbaren Wirklichkeiten des Daseins, um mit den Schrecken zurechtzukommen, die uns direkt durch Familie und Freunde, über Zeitungen und Fernsehen befallen.

Die Schrecken sind gegenwärtig. Wer von uns hat nicht einen Freund durch Krebs verloren? Welche Familie nicht einen Verwandten, der getötet oder durch einen Autounfall verkrüppelt wurde? Ich kenne niemanden. In meiner eigenen Familie sind ein Onkel, eine Tante, ein Vetter und sechs Freunde durch Autounfälle umgekommen. Die Liste ist endlos und vernichtend, wenn wir uns ihr nicht kreativ entgegenstemmen.

Schreiben kann ein Heilmittel sein. Natürlich kein vollkommenes. Sie werden niemals über den Anblick Ihrer Eltern im Krankenhaus oder den des Geliebten im Grab hinwegkommen.

Den Begriff Therapie möchte ich lieber vermeiden – er ist zu klinisch, als Wort zu steril. Ich sage nur, dass, wenn der Tod andere lähmt, Sie aufspringen, Ihr Sprungbrett aufstellen und sich mit einem Kopfsprung in Ihre Schreibmaschine stürzen sollten.

Alles, was ich hier sage oder in den folgenden Essays verarbeitet habe, wussten die Dichter und Künstler vergangener Zeiten bereits. Aristoteles sagt es seit Jahrtausenden. Haben Sie ihm in letzter Zeit zugehört?

Die folgenden Essays sind zu unterschiedlichen Zeiten innerhalb von dreißig Jahren entstanden; sie sollten jeweils besondere Entdeckungen beschreiben, besonderen Bedürfnissen entsprechen. Aber alle spiegeln die gleichen Wahrheiten explosiver Selbsterkenntnis wider, zeigen mein anhaltendes Erstaunen darüber, was im tiefen Brunnen des Selbst verborgen ist, wenn man den Deckel herunterreißt und in den Schacht hineinbrüllt.

Während ich dies schrieb, kam ein Brief von einem jungen, unbekannten Autor, in dem er mir sagt, dass er in Zukunft nach dem Motto, das er in meinem *Toynbee-Konvektor* entdeckt hatte, leben wolle.

»... sanft zu lügen und die Lüge wahrhaftig werden zu lassen ... alles ist letztendlich ein Versprechen ... was Lüge *scheint*, ist ein chaotisches Bedürfnis, das geboren werden möchte ...«

Und nun: Neulich ist mir ein neuer Vergleich eingefallen, mit dem ich mich beschreiben kann. Sie können ihn sich zu eigen machen.

Jeden Morgen springe ich aus dem Bett und trete auf eine Landmine. Die Landmine bin ich.

Nach der Explosion verbringe ich den Rest des Tages damit, die Teile wieder zusammenzufügen.

Nun sind Sie dran! Springen Sie!

Die Freude am Schreiben

Leidenschaft. Gusto. Wie selten hört man diese Worte im praktischen Gebrauch.

Wie selten trifft man Menschen, die nach diesen Begriffen leben, geschweige denn arbeiten. Doch wenn ich gebeten würde, die wichtigsten Elemente im Handwerkszeug eines Schriftstellers zu nennen, die Werkzeuge, die sein Material formen und ihn rasch auf den Weg bringen, den er begehen will, kann ich nur jeden ermahnen, seine Leidenschaft zu wecken und mit Gusto zu arbeiten.

Sie besitzen Ihre Liste von Lieblingsautoren; ich besitze meine. Dickens, Twain, Wolfe, Peacock, Shaw, Molière, Jonson, Wycherly, Sam Johnson. Dichter: Gerard Manley Hopkins, Dylan Thomas, Pope. Maler: El Greco, Tintoretto. Musiker: Mozart, Haydn, Ravel, Johann Strauss(!). Wenn Sie an all diese Namen denken, fallen Ihnen vielleicht Adjektive wie groß oder klein ein, aber nicht weniger wichtig sind Substantive wie Leidenschaft, Appetit, Hunger. Denken Sie an Shakespeare und Melville und Ihnen wird Blitz, Donner und Wind einfallen.

All diese Künstler kannten die Freude, Neues zu gestalten in kleineren oder größeren Formen, in uneingeschränktem oder begrenztem Rahmen. Sie sind die Kinder der Götter. Sie hatten Freude an ihrer Arbeit. Selbst dann, wenn ihnen das Schaffen manchmal schwer fiel, Krankheiten oder Tragödien ihr Privatleben beeinträchtigt haben mochten. Wichtig ist das, was uns von ihrer Hand, ihrem Geist vermittelt worden ist, zum Bersten voll von animalischer Kraft und intellektueller Vitalität. Selbst Hass und Verzweiflung wurden mit einer Art von Liebe übermittelt.

Betrachten Sie El Grecos langgestreckte Gestalten, und behaupten Sie, dass er keinen Spaß an seiner Arbeit gehabt hat. Oder dass Tintorettos *Gott erschafft die Tiere des Universums* auf etwas Geringerem als Freude im weitesten und vollständigsten Sinne des Wortes entstand? Der beste Jazz drückt nichts anderes aus als: Wir leben ewig, glaub' nicht an den Tod. Die beste Skulptur, wie der Kopf der Nofretete, sagt jedem Betrachter wieder und wieder: Die Schöne war hier, ist hier und wird für alle Ewigkeiten hier sein. Jedem der Männer, die ich hier aufgezählt habe, gelang es, ein wenig vom Quecksilber des Lebens einzufangen, es für alle Zeiten festzuhalten, und sich im Feuerstoß der Kreativität ihres Schaffens umzudrehen und aufzuschreien: Ist dies nicht gut? Und es war gut.

Aber was hat dies damit zu tun, wie man heute eine Kurzgeschichte schreibt?

Nur dies: Wenn Sie ohne Leidenschaft, ohne Gusto, ohne Liebe, ohne Freude schreiben, sind Sie kein echter Schriftsteller. Es bedeutet, dass Sie zu sehr damit beschäftigt sind, ein Auge auf den kommerziellen Markt zu werfen oder ein Ohr für erlesene Zirkel der Avantgarde zu haben, dass Sie nicht wirklich Sie selbst sind. Dass Sie sich selber gar nicht kennen. Denn was ein Autor zu allererst sein sollte, ist – erregt! Aus Fieber und Enthusiasmus sollte er bestehen. Ohne solche Energie kann er ebenso gut Pfirsiche pflücken oder Spargel stechen; Gott weiß, es wäre besser für seine Gesundheit.

Wie lange ist es her, seit Sie eine Geschichte schrieben, in der Sie Ihre wahre Liebe oder unbändigen Hass zu Papier brachten? Wann haben Sie zum letzten Mal gewagt, ein liebgewonnenes Vorurteil herauszulassen, sodass es wie ein Blitz auf Ihrer Seite einschlug? Was ist das Beste oder das Schlimmste in Ihrem Leben, und wann sind Sie bereit dazu, es herauszuflüstern oder zu -schreien?

Wäre es nicht beispielsweise herrlich, eine Ausgabe von *Harper's Bazaar*, die Sie zufällig beim Zahnarzt durchblättern, wegzuschleudern, zu Ihrer Schreibmaschine zu stürmen und sich von Ihrem ausgelassenen Zorn tragen zu lassen, um den lächerlichen und manchmal schockierenden Snobismus der Zeitschrift anzugreifen? Vor Jahren tat ich einmal genau das. Ich stieß zufällig auf Seiten, auf denen die Fotografen des *Bazaar* in ihrer pervertierten Auffassung von Gleichheit Puertoricaner aus Elendsvierteln als Kulisse für ihre künstlich abgemagerten Models benutzten, die für noch ausgemergeltere hungersüchtige Halbfrauen in den elegantesten Salons der Welt posierten. Die Bilder machten mich derart wütend, dass ich zu meiner Maschine *rannte*, nicht ging, und *Sonne und Schatten* schrieb, eine Geschichte über einen alten Puertoricaner, der dem Fotografen vom *Bazaar* den Tag verdirbt, indem er sich in jedes Motiv schleicht und die Hosen herunterlässt.

Ich wage zu behaupten, dass einige von Ihnen diesen Job gerne erledigt hätten. Ich hatte das Vergnügen, es tun zu können; die Befreiung, zu johlen, zu brüllen, wiehernd zu lachen. Die Verleger des *Bazaars* haben es wahrscheinlich nie gehört. Wohl aber eine Menge Leser, die mich anfeuerten.« »Weiter so, *Bazaar*, weiter so, Bradbury!« Ich will nicht behaupten, einen Sieg errungen zu haben. Aber es klebte Blut an meinen Handschuhen, als ich sie aufhing.

Wann haben Sie das letzte Mal eine Geschichte aus purer Entrüstung geschrieben?

Wann sind Sie das letzte Mal von der Polizei aufgegriffen worden, weil Sie gerne mitten in der Nacht spazieren gehen, um nachzudenken? Mir ist das so oft passiert, dass ich verärgert *Geh nicht zu Fuß durch stille Straßen* (auch: *Der Fußgänger*) schrieb, eine Geschichte, die in der nahen Zukunft spielt und in der ein Mann verhaftet und zur psychiatrischen Untersuchung geschickt wird, weil er stur darauf besteht, die Wirklichkeit und nicht eine vom Fernsehen aufbereitete Realität zu betrachten und echte, nicht klimatisierte Luft zu atmen.

Ärger und Wut beiseite – wie steht es mit Liebe? Was lieben Sie am meisten auf der Welt? Ich meine sowohl die großen als auch die kleinen Dinge. Die Straßenbahn, ein Paar Turnschuhe? Als Kinder hatten solche Dinge für uns Magie. Im vergangenen Jahr veröffentlichte ich eine Geschichte über die letzte Fahrt eines Jungen in einer alten Straßenbahn, die mit ihren kühlen, moosig-samtenen Bezügen und der blauen Elektrizität nach Gewittern duftet, nun aber einem prosaischeren, nach Zweckmäßigkeit riechenden Bus weichen muss. Eine andere Geschichte handelte von einem Jungen, der sich Tennisschuhe wünscht, mit denen er Flüsse, Häuser, Straßen, Büsche, Bürgersteige und Hunde überspringen kann. Die Schuhe bedeuten für ihn die Kraft von Antilopen und Gazellen in der afrikanischen Steppe. Die Energie strömender Flüsse und Sommergewitter stecken in diesen Schuhen; er wünscht sie sich mehr als alles andere auf der Welt.

Hier also kommt mein schlichtes Rezept.

Was wünschen *Sie* sich mehr als alles auf der Welt? Was lieben Sie, was hassen Sie?

Suchen Sie sich eine Person – wie Sie selbst zum Beispiel –, jemand, der etwas will oder etwas nicht will – und das von ganzem Herzen. Geben Sie ihm Marschbefehle. Schicken Sie ihn los. Und dann folgen Sie ihm, so schnell Sie können. Die Figur mit ihrer Liebe oder ihrem Hass wird mit Ihnen durch die Geschichte jagen, bis zum Ende. Leidenschaft und Gusto Ihres Verlangens sind seine Triebfeder – denn im Hass ist ebenso viel Leidenschaft zu finden wie in der Liebe – sie wird die Szenerie in Brand setzen und die Betriebstemperatur Ihrer Schreibmaschine um ein Beträchtliches erhöhen.

All dies ist hauptsächlich an den Schriftsteller gerichtet, der sein Handwerk bereits gelernt hat – der mit ausreichend grammatikalischem Werkzeug und literarischem Wissen ausgestattet ist, um sich nicht selbst ein Bein zu stellen, wenn er loslaufen will. Aber der Rat ist auch für Anfänger gültig, selbst wenn dieser schließlich aus rein technischen Gründen scheitern mag. Trotzdem ist es oftmals die Leidenschaft, die den Unterschied macht.

Die Historie jeder Geschichte sollte sich anschließend wie ein Wetterbericht lesen: Heute Hitze, morgen kühl. Heute Nachmittag machen Sie sich von allem frei, brennen das Haus nieder. Morgen schütten Sie das kalte Wasser der Kritik auf die glimmenden Trümmer. Morgen ist Zeit genug, nachzudenken, zu kürzen, zu redigieren. Heute jedoch: Explodieren Sie – zerspringen Sie – lösen Sie sich auf! Die nächsten sechs oder sieben Überarbeitungen werden die reine Qual werden; warum also nicht die erste Fassung genießen und darauf hoffen, dass Ihre Begeisterung auf andere Menschen dieser Welt trifft, die Ihre Geschichte lesen und ebenfalls Feuer fangen?

Es muss kein großes Feuer sein. Ein kleines Glimmen, Kerzenlicht vielleicht; die Sehnsucht nach einem technischen Wunder wie die Straßenbahn oder einem ursprünglichen Wunder wie ein paar Turnschuhe, die am frühen Morgen auf dem Rasen Haken schlagen. Suchen Sie nach den kleinen Freuden, finden und formulieren Sie die kleinen Bitterkeiten. Lassen Sie sie im Mund zergehen, probieren Sie sie auf Ihrer Schreibmaschine. Wann haben Sie zum letzten Mal einen Gedichtband gelesen oder sich einen Nachmittag die Zeit für ein oder zwei Essays genommen? Haben Sie jemals eine Ausgabe von *Geriatrics*, der offiziellen Zeitschrift der American Geriatrics Society gelesen, ein Magazin, das sich mit *Forschung und klinischen Studien zu Krankheiten und Entwicklungsprozessen alter und alternder Menschen* beschäftigt? Oder eine Ausgabe von *What's New*, eine Zeitschrift, die von den Abbott Laboratories in Nord-Chicago herausgegeben wird und Artikel mit Titeln wie *Tubocurarin für den Kaiserschnitt* enthält, aber auch Gedichte von William Carlos Williams, Archibald Macleish, Storys von Clifton Fadiman und Leo Rosten und Titel und andere Illustrationen von John Groth, Aaron Bohrod, William Sharp und Russell Cowles abdruckt? Absurd? Vielleicht. Aber Ideen sind überall zu finden – wie Äpfel, die vom Baum gefallen sind und nun im Gras modern, weil kein Wanderer mit Blick und Geschmack für Schönheit, ob schreckliche, absurde oder edle, gerade vorbeikommt und sie aufsammelt.

Die Freude am Schreiben

Gerard Manley Hopkins sagt es so:

Gelobt sei Gott für die gefleckten Dinge,
Für den farbigen Himmel, das scheckige Kalb,
Für die Flecken und Tupfen der Forelle im Bach,
Braun-rote Kastanien, die Finkenschwinge,
Für das Land, die Parzellen, ackerbraun oder falb,
Und die Stände, das Handwerk mit Putz, Zeug und Tracht.
Alles Verkehrte, das Seltsame, selten und rar,
wandelbar, wechselhaft (wer weiß, weshalb?),
ob langsam, schnell, sauer, süß, müd oder wach;
Er schöpft, was ewig schön ist und war,
    Lobet Ihn.

Thomas Wolfe verschlang die Welt und erbrach Lava. Dickens speiste jede Stunde seines Lebens an einer anderen Tafel. Molière, der die Gesellschaft genossen hatte, wandte sich ab, um sie zu sezieren, so auch Pope und Shaw. Wo immer man im literarischen Kosmos hinschaut, sind die großen Schriftsteller damit beschäftigt, zu lieben und zu hassen. Haben Sie dieses ursprüngliche Bedürfnis in Ihrer eigenen Arbeit als überholt verworfen? Was für ein Spaß Ihnen dann entgeht. Der Spaß, Zorn und Enttäuschung zu empfinden und zu desillusionieren, der Spaß zu lieben oder geliebt zu werden, der Spaß, mit diesem Maskenball zu treiben und getrieben zu werden, der uns im Walzerrhythmus von der Wiege bis zum Friedhof bewegt. Das Leben ist kurz, das Elend gewiss, der Tod sicher. Aber warum nicht in Ihrer Arbeit auf dem Weg dorthin diese beiden aufgeblasenen Schweinsblasen namens Leidenschaft und Gusto mitnehmen? Mit ihnen zusammen auf dem Weg zum Grab will ich einem Dussel einen Klaps auf den Hintern geben, einem hübschen

Mädchen die Frisur zerzausen und einem kleinen Jungen auf einem Paradiespflaumenbaum zuwinken.

Falls sich jemand mir anschließen möchte – es ist noch viel Platz in Coxie's Armee.

1973

Losrennen, Erstarren

oder

das Ding oben

an der Treppe

oder

Neue Geister aus

alten Erinnerungen

LOSRENNEN, ERSTARREN. DIES, DIE LEKTION
DER EIDECHSEN. FÜR ALLE SCHRIFTSTELLER.

F ast alle Wesen verhalten sich gleich, wenn es ums Überleben geht. Aufspringen, losrennen, erstarren. Durch diese Fähigkeit, blitzschnell wie ein Lidschlag, wie ein Peitschenhieb zu verschwinden, wie Dampf zu entweichen – in einem Moment hier, im nächsten dort – wimmelt es auf dieser Welt nur so von Leben. Und wenn diese Lebewesen nicht gerade auf der Flucht davonstürzen, erstarren sie zur Statue, um sich der Gefahr zu entziehen. Hier ist der Kolibri, dort, nicht mehr dort. Wie der Gedanke aufsteigt und entschwindet, so diese Art von Sommerdunst; das Räuspern einer kosmischen Kehle, das Fallen eines Blattes. Und wo es eben noch war – ein Flüstern.

Was können wir Schriftsteller von den Eidechsen lernen, von den Vögeln übernehmen? In der Schnelligkeit liegt die Wahrheit. Je schneller Sie einen Wortschwall hervorbringen, je geschwinder Sie schreiben, umso aufrichtiger sind Sie. Zögern macht Nachdenken möglich. Mit Verzögerung kommt der Wunsch nach Stil und Form, – statt sich auf die Wahrheit zu stürzen, die es doch *einzig* wert ist, Vögel zu leimen oder Tiger zu fangen.

Was tun zwischen all dem Davonhuschen und Flüchten? Sei wie ein Chamäleon: chromosomverschmelze, farbverändere dich mit der Landschaft. Sei geduldig wie ein Stein, lieg im Staub, ruhe im Wasser des Überlaufs von der Regentonne am Haus deiner Großeltern vor langer Zeit. Sei der Löwenzahnwein in der Ketchup-Flasche, verschlossen und mit einem Etikett versehen: Junimorgen, erster Sommertag, 1923. Sommer 1926, Feuerwerksnacht. 1927: Letzter Sommertag. LETZTER LÖWENZAHN, 1. Oktober.

Und aus dem allem entwickle deinen ersten Erfolg als Autor mit 20$ pro Geschichte, die in der Zeitschrift *Weird Tales* erscheint.

Aber wie fängt man damit an, mit der Entwicklung einer neuen Art zu schreiben, einer die erschüttert und ängstigt? Eigentlich stolpert man darüber. Man weiß nicht, was man tut, und plötzlich ist es getan. Man macht sich nicht bewusst an die Aufgabe, auf eine bestimmte Art zu schreiben. Sie entwickelt sich aus dem eigenen Leben, den eigenen Albträumen. Plötzlich schaut man sich um und stellt fest, dass man etwas beinahe ganz Frisches geschaffen hat.

Das Problem jedes Schriftstellers, egal in welchem Genre, ist, dass er durch alles, was in der Vergangenheit war oder selbst was am gleichen Tag in Büchern und Zeitschriften gedruckt wird, definiert wird.

Ich wuchs mit der Lektüre und Begeisterung für Dickens, Lovecroft, Poe und später Kuttner, Bloch und Clark Ashton Smith auf. Ich versuchte, Storys zu schreiben, die stark von einigen dieser Autoren beeinflusst waren, brachte – ganz Sprache und Stil, der nicht fließen wollte – hochkarätigen Unsinn hervor und ging unter, ohne eine Spur zu hinterlassen. Ich war zu jung, um mein Problem zu erkennen, ich war einfach zu sehr damit beschäftigt, meine Vorbilder zu imitieren.

Im letzten Jahr der High School stolperte ich beinahe kopfüber in mein kreatives Ich, als ich eine lange Würdigung der tiefen Schlucht in meinem Heimatort schrieb, über die Furcht, die ich nachts davor verspürte. Aber ich hatte keine Geschichte, die ich um diese Schlucht herumbauen konnte, daher musste die Entdeckung meines zukünftigen Schriftstellertalents noch einige Jahre aufgeschoben werden.

Seitdem ich zwölf war, schrieb ich beinahe tausend Worte täglich. Jahrelang schaute mir Poe dabei über die eine Schulter, während Wells, Burroughs und so gut wie jeder Autor aus *Astounding* und *Weird Tales* über die andere sahen.

Ich liebte sie, und sie erstickten mich. Ich hatte noch nicht gelernt, mich frei zu machen und statt mein Spiegelbild anzuschauen, das zu betrachten, was hinter meinem Gesicht vor sich ging.

Erst als ich langsam die Tricks und Schliche der Assoziation durch Worte entdeckte, fand ich einen Weg durch die Minenfelder der Imitation. Ich begriff schließlich, dass man, wenn man schon auf eine Mine treten muss, sie sich zu eigen machen sollte. Dass man – wenn schon nicht zu verhindern! – durch die *eigenen* Freuden und Verzweiflungen zerrissen werden sollte.

Ich begann, kurze Texte und Beschreibungen über Vorlieben und Antipathien zu notieren. Mit zwanzig und einundzwanzig kreiste ich unaufhörlich um Sommermittage und Oktobernächte mit einer Ahnung, dass irgendwo in den hellen und dunklen Jahreszeiten etwas liegen würde, in dem mein wahres Ich verborgen war.

Ich fand es schließlich eines Nachmittags, als ich zweiundzwanzig war. Ich schrieb den Titel *Der See* auf ein Blatt Papier und stellte in zwei Stunden meine erste echte Geschichte fertig. Danach saß ich an meiner Schreibmaschine draußen auf der

Veranda in der Sonne, ließ die Tränen von meiner Nase tropfen und spürte die aufgerichteten Härchen in meinem Nacken.

Warum das Aufrichten der Härchen, warum die tropfende Nase?

Ich erkannte, dass ich endlich eine richtig gute Geschichte geschrieben hatte. Die erste nach zehn Jahren Schreiben. Und es war nicht nur eine gute Geschichte, sondern auch etwas Anderes, etwas, das an der Schwelle zu etwas Neuem stand. Keinesfalls eine traditionelle Geistergeschichte, sondern eine über Liebe, Zeit, Erinnerung und Ertrinken.

Ich schickte sie an Julie Schwartz, meine Agentin, die sie mochte, aber sagte, dass es keine traditionelle Geschichte und daher wohl schwer zu verkaufen sei. *Weird Tales* umkreiste sie misstrauisch, stocherte vorsichtig mit einem Zehn-Fuß-Mast darin herum und beschloss – na ja, warum nicht –, sie zu drucken, auch wenn sie nicht in ihre Zeitschrift passte. Aber ich musste versprechen, das nächste Mal eine gute, altmodische Gruselgeschichte zu schreiben. Ich versprach es. Man gab mir zwanzig Dollar, und alle waren zufrieden.

Einige von Ihnen wissen, wie es weiterging: *The Lake* ist in den vierundvierzig Jahren seit ihrer Entstehung, dutzende Male abgedruckt worden. Und es war diese Geschichte, die Redakteure anderer Magazine auf den jungen Kerl mit den aufgestellten Nackenhaaren und der feuchten Nase aufmerksam machte.

Ob ich aus der Entstehung von *The Lake* eine harte, schnelle oder wenigstens kleine Lektion gelernt hatte? Nein, hatte ich nicht. Ich kehrte zurück zu den guten altmodischen Geistergeschichten. Ich war viel zu jung, um wirklich etwas vom Schreiben zu verstehen, ich ignorierte meine Erkenntnis noch etliche Jahre und daher erschloss sich mir die Bedeutung meiner Entdeckungen noch jahrelang nicht. Ich probierte alles mögliche und schrieb größtenteils schwache Texte.

War mein fantastisches Werk in meinen frühen Zwanzigern nachahmend mit einer gelegentlichen Überraschung in Konzept und Ausführung, so musste das, was ich an Science-Fiction vollbrachte, miserabel, mussten meine Krimis grotesk genannt werden. Ich stand vollkommen unter dem Einfluss meiner Freundin Leigh Brackett, mit der ich jeden Sonntag an der Muscle Beach in Santa Monica, Kalifornien, verbrachte, um ihre großartigen Mars-Geschichten mit ihrem Helden Stark zu lesen oder sie um ihre *Flynn's Detective-Stories* zu beneiden, die ich zu übertreffen versuchte.

Aber irgendwann in diesen Jahren begann ich, mir Listen von Titeln zu machen, lange Reihen von Substantiven niederzuschreiben. Diese Listen waren der Köder, der mein besseres Ideenmaterial schließlich an die Oberfläche lockte. Mit diesen Listen tastete ich mich an die Wahrheit heran, die sich unter der Falltür meines Schädels verbarg.

Die Listen lauteten beispielsweise:

DER SEE. DIE NACHT. DIE GRILLEN. DIE SCHLUCHT. DER DACHBODEN. DER KELLER. DIE FALLTÜR. DAS BABY. DIE MENSCHENMENGE. DER NACHTZUG. DAS NEBELHORN. DIE SICHEL. DER JAHRMARKT. DAS KARUSSELL. DER GNOM. DAS SPIEGELKABINETT. DAS SKELETT.

Ich fing langsam an, Muster in den Listen zu entdecken – in diesen Wörtern, die ich, im Vertrauen auf mein Unbewusstes, ohne nachzudenken zu Papier gebracht hatte.

Der Blick auf die Listen ließ mich meine alte Hassliebe zu Jahrmärkten wiederentdecken. Ich erinnerte mich, vergaß wieder und erinnerte mich erneut an mein Entsetzen, als meine Mutter mich zum ersten Mal auf ein Karussell setzte. Die

Dampfpfeifenorgel dröhnte, die Welt wirbelte um mich herum, die schrecklichen Pferde sprangen, und meine Schreie durchdrangen das allgemeine Getöse. Noch Jahre danach wagte ich mich nicht einmal in die Nähe eines Karussells. Als ich es Jahrzehnte später dann doch wieder tat, führte es mich auf direktem Weg zu der Geschichte *Das Böse kommt auf leisen Sohlen*.

Doch bis dahin fuhr ich mit meinen Listen fort. DIE WIESE. DIE SPIELZEUGTRUHE. DAS MONSTER. TYRANNOSAURUS REX. DIE RATHAUSUHR. DER ALTE MANN. DIE ALTE FRAU. DAS TELEFON. DIE GEHWEGE. DER SARG. DER ELEKTRISCHE STUHL. DER MAGIER.

Über die Schwelle dieser Substantive stolperte ich in eine Science-Fiction-Story, die gar keine war. Mein Titel lautete *R is for Rocket*. Der Titel, unter dem sie veröffentlicht wurde, war *King of the Grey Spaces*. Es war die Geschichte zweier Jungen, dicke Freunde, von denen der eine auf die Raumfahrt-Akademie darf, der andere nicht. Die Geschichte wurde von jedem Science-Fiction-Magazin abgelehnt, weil es schließlich bloß um eine Freundschaft ging, die durch die Umstände auf die Probe gestellt wird, auch wenn diese Umstände Raumfahrt hießen. Mary Gnaedinger von *Famous Fantastic Mysteries* warf einen kurzen Blick auf meine Geschichte und veröffentlichte sie gleich. Doch auch hier war ich noch zu jung, um zu erkennen, dass *R is for Rocket* mich zu einem Science-Fiction-Autor machen konnte, den einige bewunderten und viele kritisierten, weil ich, wie man bemerkte, keinesfalls ein Science-Fiction-Autor war, sondern einer, dem es um *Menschen* ging – wie unprofessionell!

Ich schrieb weiterhin meine Listen, die jetzt nicht mehr nur mit Nacht, Albträumen, Dunkelheit und Dingen auf dem Dachboden zu tun hatten, sondern auch mit Spielzeugen, mit denen Männer im All spielen, und mit den Ideen, die ich in

Krimi-Magazinen fand. Die meisten Krimis, die ich mit vierundzwanzig schrieb und in *Detective Tales* oder *Dime Detective* veröffentlichte, sind es nicht wert, nochmals gelesen zu werden. Dann und wann stolperte ich über eine gute Idee und brachte so durch meine Erinnerungen an Mexiko, die mich plagten, oder an Downtown Los Angeles während der Pachucho-Aufstände etwas hinreichend Gutes zustande. Dennoch sollte es beinahe vierzig Jahre dauern, bis ich das Kriminal-/Grusel-/Suspense-Genre soweit verinnerlicht hatte, dass es mir in meinem Roman *Der Tod ist ein einsames Geschäft* dienlich war.

Aber zurück zu meinen Listen. Und *warum* zurück zu ihnen? Wohin will ich Sie führen? Nun, wenn Sie Schriftsteller sind oder hoffen zu werden, können Ihnen ähnliche Listen von Wörtern, die aus dem asymmetrischen Teil Ihres Hirns hervorgeholt wurden, helfen, *sich selbst* zu entdecken, so wie sie mich, als ich ziellos herumsuchte, zu mir selbst führten.

Ich fing damit an, die Listen durchzugehen, pickte mir ein Wort heraus und setzte mich dann hin, um einen langen Prosa-Gedicht-Essay um dieses Wort herum zu verfassen.

Irgendwann etwa in der Mitte der Seite wurde das Prosa-Gedicht stets zu einer Geschichte. Denn plötzlich tauchte eine Person auf und sagte: »Das bin ja *ich*!« oder: »Das ist mal eine Idee, die *mir* gefällt!« Und dann übernahm die Figur und beendete die Geschichte für mich.

Bald wurde mir klar, dass ich aus meinen Substantiv-Listen lernen konnte. Ich entdeckte unter anderem, dass meine *Figuren* die Arbeit für mich übernahmen, wenn ich sie in Frieden ließ, wenn ich ihnen ihren eigenen Kopf, das heißt, ihre Fantasien, ihre Ängste überließ.

Ich sah auf die Liste, las SKELETT und erinnerte mich an die ersten Bilder, die ich in meiner Kindheit malte. Ich zeichnete Skelette, um meine kleinen Cousinen zu erschrecken. Ich war fasziniert von diesen fleischlosen, medizinischen Abbildern, von Schädeln, Rippen und Beckensculpturen. Mein Lieblingslied ging so: *'Tain't No Sin, To Take Off Your Skin, and Dance Around in Your Bones.*

Diese Zeichnungen und dieses Lied im Kopf, kam ich einmal in das Sprechzimmer meines Arztes, weil ich Halsschmerzen hatte. Ich deutete auf meinen Adamsapfel und auf die Sehnen an meinem Hals und bat ihn um Rat.

»Wissen Sie, an was Sie leiden?«, fragte der Arzt.

»Nein, an was?«

»*Entdeckung* des Kehlkopfes!«, erklärte er. »Nehmen Sie ein Aspirin. Zwei Dollar, bitte!«

Entdeckung des Kehlkopfes! Mein Gott, wie wundervoll! Ich trottete nach Hause, betastete meinen Hals, dann meine Rippen, meine Wirbelsäule, meine Kniescheiben. Heiliger Bimbam! Warum nicht eine Geschichte über einen Mann schreiben, der sich entsetzlich davor fürchtet, festzustellen, dass sich unter seiner Haut, in seinem Fleisch *verborgen*, das Symbol aller Gruselmärchen der Weltgeschichte befindet – nämlich ein Skelett?

Die Story schrieb sich in vier Stunden selbst.

Eine ausgesprochen naheliegende Idee, und doch hatte sie noch nie jemand in der Geschichte gruseliger Storys niedergeschrieben. Ich stürzte damit an meine Schreibmaschine und kam mit einer brandneuen, absolut originellen Geschichte heraus, die direkt unter meiner Haut gelauert hatte, seit ich mit sechs Jahren zum ersten Mal einen Schädel und ein Kreuzbein gezeichnet hatte.

Ich kam in Fahrt. Die Ideen kamen nun schneller, alle durch meine Listen. Ich schlich auf dem Dachboden und im Keller meiner Großeltern herum. Ich lauschte dem Heulen der Mitternachtszüge, die durch Nord-Illinois stampften, und hörte den Tod, hörte einen Beerdigungszug, der die Menschen, die ich liebte, zu einem fernen Friedhof brachte. Um fünf Uhr morgens erinnerte ich mich an die Ankunft der Ringling Brothers, Barnum und Bailey, noch vor Morgengrauen, und an all die Tiere, die auf ihrem Weg zu den leeren Weiden vorbeizogen, auf denen sich bald darauf die großen Zelte wie riesige Pilze erheben würden. Ich erinnerte mich an Mr. Electrico und seinen fahrenden elektrischen Stuhl. Ich erinnerte mich an Blackstone, den Zauberer, der auf der Bühne meiner Heimatstadt magische Taschentücher tanzen und Elefanten verschwinden ließ. Ich erinnerte mich an meinen Großvater, meine Schwester und zahlreiche Tanten, die für immer in ihren Gräbern lagen, auf denen sich Schmetterlinge wie Blumen niederließen und Blumenblüten, die im Wind wie Schmetterlinge über die Steine tanzten. Ich erinnerte mich an meinen Hund, der tagelang verschwunden war und eines Winterabends mit Schnee, Schlamm und Blättern im Fell zurückkehrte. Und die Geschichten stürzten hervor, brachen auf aus diesen Erinnerungen, die in den Substantiven verborgen, in den Listen versteckt waren.

Meine Erinnerung an den Hund und sein Winterfell wurde zu *Der Bote*, die Geschichte eines bettlägerigen Jungen, der seinen Hund hinausschickt, damit dieser in seinem Fell die Jahreszeiten einsammelt. Und dann kommt der Hund eines Tages von einem Ausflug zum Friedhof zurück und bringt »Gesellschaft« mit.

Aus dem Listenvermerk DIE ALTE FRAU entstanden zwei Geschichten, eine – *Es war einmal eine alte Frau* – über eine Lady, die sich weigert zu sterben und ihren Körper von den Leichenbestattern zurückfordert, die andere – *Season of Disbelief* – über ein paar Kinder, die nicht glauben wollen, dass eine sehr alte Frau je jung, je ein Mädchen, je ein Kind gewesen ist. Die erste Story erschien in meiner ersten Kurzgeschichtensammlung, *Dark Carnival*. Die zweite wurde ein Kapitel eines weiteren Wortassoziationstests, der den Titel *Löwenzahnwein* erhielt.

Sicher ist, dass es die persönlichen Beobachtungen, die seltsamen Vorlieben, die merkwürdigen Marotten sind, die sich lohnen. Ich war fasziniert von alten Menschen. Ich gab mir alle Mühe, dieses Geheimnis mit meinen Augen und meinem jugendlichen Geist zu begreifen. Doch ich war immer wieder verblüfft darüber, dass sie vor langer, langer Zeit einmal wie ich gewesen waren, und dass ich eines Tages in ferner Zukunft wie sie sein würde. Absolut unmöglich! Aber da waren sie, direkt vor meinen Augen, diese Jungen und Mädchen, die sich, in ihre alten Körper eingesperrt, in einer schrecklichen Lage, einem furchtbaren Dilemma befanden.

Als ich ein anderes Mal meine Liste betrachtete, stieß ich auf den Titel DAS GLAS, der mir in Erinnerung zurückrief, wie sehr ich im Alter von zwölf – und ein zweites Mal mit vierzehn – über den Anblick einer Reihe von konservierten Embryos gestaunt hatte. In dieser Zeit, 1932 und 1934, wussten wir Kinder nichts, absolut nichts über Sex und Fortpflanzung. Sie können sich also meine Verblüffung vorstellen, als ich durch eine Ausstellung auf dem Jahrmarkt schlenderte und all diese Föten von Menschen, Katzen und Hunden in beschrifteten Gläsern sah. Ich war schockiert beim Anblick der ungeborenen Toten, und in derselben Nacht stiegen unzählige Fragen über das Mysterium des Lebens in mir auf, die mich noch jahrelang verfolgen sollten. Ich erzählte meinen Eltern nie von den Gläsern und den Föten in Formaldehyd. Ich wusste, dass ich auf ein paar Wahrheiten gestoßen war, über die man besser nicht sprach.

All dies drang natürlich wieder an die Oberfläche, als ich *Das Glas* auf ein weißes Blatt Papier schrieb. Der Jahrmarkt und die Föten und all die fast vergessenen Schrecken übertrugen sich von meinen Fingerspitzen auf die Schreibmaschine. Das alte Mysterium hatte endlich eine Ruhestätte gefunden – in einer Story.

Ich stieß auf einen anderen Titel in meiner Liste – DIE MENSCHENMENGE –, der mich an einen furchtbaren Autounfall erinnerte, den ich miterlebte, als ich fünfzehn war. Ich rannte beim Lärm des Aufpralls aus dem Haus eines Freundes und sah den Wagen, der gegen eine Absperrung auf der Strasse gefahren und auf einen Telefonmast geprallt war. Der Wagen war in zwei Hälften geborsten. Zwei Menschen lagen tot auf dem Straßenpflaster, eine weitere Frau, das Gesicht zerschmettert, starb in dem Moment, als ich sie erreichte, ein vierter Mann eine Minute später. Und am folgenden Tag starb noch eines der Unfallopfer.

Etwas Derartiges hatte ich noch nie gesehen. Im Schockzustand ging ich nach Hause, rannte gegen Bäume. Ich brauchte Monate, um über das Grauen dieser Szene hinwegzukommen.

Jahre später, als ich meine Liste vor mir hatte, fielen mir eine ganze Reihe von merkwürdigen Details dieses Abends ein. Der Unfall hatte sich an einer Kreuzung ereignet, an deren einer Seite leer stehende Fabriken und ein verlassener Schulhof, an deren anderer ein Friedhof lagen. Ich war aus dem nächsten Haus, das etwa hundert Yards entfernt lag, herbeigerannt. Und doch versammelte sich an der Kreuzung innerhalb von wenigen Augenblicken, wie es mir vorkam, eine Menschenmenge. Woher waren die vielen Leute gekommen? Später konnte ich mir das nur so erklären, dass einige der seltsam gekleideten Leute aus der leeren Fabrik gekommen waren, andere vom Friedhof. Nachdem ich ein paar Minuten getippt hatte, schoss mir plötzlich durch den Sinn, dass es sich – ja! –, dass es sich immer um dieselbe Menschenmenge handelte – dass es immer die gleichen Leute waren, die sich bei Unfällen versammelten. Dass es sich um Opfer früherer Unfälle, Todesopfer, handelte, die dazu verdammt waren, wiederzukehren und bei solchen Unglücken, wie sie *ihnen* zugestoßen waren, zu erscheinen.

Nachdem ich erst einmal auf diesen Gedanken gekommen war, schrieb sich die Geschichte in nur einem Nachmittag wie von selbst.

In der Zwischenzeit rückten die Jahrmarkt-Artefakte näher zusammen, ihre Knochen begannen, meine Haut zu durchstoßen. Ich schrieb immer längere Prosa-Gedichte über Schausteller, die nach Mitternacht eintrafen. Während dieser Jahre, ich war Anfang zwanzig, war ich einmal mit meinen Freunden Leigh Brackett und Edmond Hamilton in einem Spiegelkabinett, als Ed plötzlich rief: »Lasst uns bloß von hier verschwinden, bevor Ray eine Geschichte über einen Zwerg schreibt, der jeden Abend den Eintritt bezahlt, um sich in dem Zerrspiegel größer zu machen!« – »Das ist es!«, brüllte ich und rannte nach Hause um *Der Zwerg* zu schreiben. »Beim nächsten Mal halte ich den Mund«, meinte Ed, als er die Geschichte eine Woche später las.

DAS BABY auf der Liste war natürlich ich.

Ich erinnerte mich an einen alten Albtraum, in dem ich davon träumte, geboren zu werden. Ich erinnerte mich, wie ich, drei Tage alt, in meiner Wiege lag und weinte, weil ich wusste, dass ich in die Welt hinausgestoßen worden war; der Druck, die Kälte, der Schrei ins Leben. Ich erinnerte mich an die Brust meiner Mutter. Ich erinnerte mich an den Arzt, der sich am vierten Tag meines Lebens mit einem Skalpell über mich beugte, um die Beschneidung vorzunehmen. Ich erinnerte mich, ich erinnerte mich.

Ich gab der Story BABY einen anderen Titel, es wurde: *Ein kleiner Mörder* daraus. Sie ist dutzendfach in Anthologien erschienen. Ich hatte diese Geschichte – zumindest einen Teil dieser Geschichte – seit der ersten Stunde meines Lebens erlebt, obwohl ich mich erst mit Anfang zwanzig wirklich daran erinnerte und sie niederschrieb.

Habe ich zu jedem Substantiv auf den Seiten meiner Listen, eine Geschichte geschrieben?

Nicht zu jedem. Aber zu den meisten. DIE FALLTÜR, ein Wort, das ich 1942 oder 43 aufschrieb, tauchte erst drei Jahre später in Gestalt einer Story in *Omni* auf.

Eine zweite Geschichte über meinen Hund und mich brauchte mehr als fünfzig Jahre, um an die Oberfläche zu dringen. In *Segne mich, Vater, denn ich habe gesündigt* arbeitete ich die Prügel, die ich meinem Hund einmal verabreicht und die ich mir niemals verziehen hatte, auf. Ich schrieb diese Geschichte, um diesen grausamen, traurigen Jungen ein letztes Mal genauer zu betrachten und seinen Geist – und den meines heißgeliebten Hundes – anschließend endlich ruhen zu lassen. Es war natürlich derselbe Hund, der in *Der Bote* vom Friedhof »Gesellschaft« mitgebracht hatte.

In diesen Jahren war neben Leigh auch Henry Kuttner mein Lehrer. Er nannte mir Autoren – Katherine Anne Porter, John Collier, Eudora Welty – und Bücher – *Fünf Tage, One Man's Meat, Rain in the Doorway* –, die ich lesen und von denen ich lernen sollte. Außerdem gab er mir ein Exemplar von *Winesburg, Ohio* von Sherwood Anderson. Nachdem ich es durchgelesen hatte, stand für mich fest: Eines Tages möchte ich ein Buch schreiben, das von ähnlichen Leuten handelt, aber auf dem Mars spielt. Sofort notierte ich mir eine Liste von Charaktertypen, die ich gerne auf den Mars verpflanzt hätte, um zu sehen, was dann geschehen würde.

Ich vergaß *Winesburg, Ohio* wieder und meine Liste ebenfalls. Im Verlauf der Jahre schrieb ich eine ganze Reihe von Geschichten über den Roten Planeten. Und eines Tages blickte ich auf und das Buch war fertig, die Liste komplett, die *Mars-Chroniken* auf dem Weg zur Veröffentlichung.

Da haben wir es also. In der Summe nichts als eine Reihe von Substantiven und einigen wenigen Adjektiven, die unbekanntes Territorium erschlossen, vorher unentdecktes Land, ein Teil davon Tod, der Rest Leben. Hätte ich nicht selbst das Rezept, das zu Entdeckungen führt, gefunden, wäre ich nie zu dem dohlenähnlichen Archäologen, dem Anthropologen geworden, der ich bin. Einer Dohle, die glänzende Gegenstände, seltsame Schilde oder missgestaltete Gebeine aus den Abfällen in meinem Kopf pickt, in dem auch die Trümmer der Kollisionen mit dem Leben verstreut liegen wie Buck Rogers, Tarzan, John Carter, Quasimodo und all die anderen Kreaturen, die mich stets haben wünschen lassen, ewig zu leben.

Ich hatte also eine Liste von Wörtern, die mich ins Land des Löwenzahnweins führte, mir half, das Land des Löwenzahnweins auf den Mars zu transportieren und mich wieder in dem Moment zurück ins Land des dunkelfarbenen Weines zurückkatapultierte, als Mr. Darks Nachtzug lange vor der Morgenröte eintraf. Aber die erste und wichtigste Sammlung von Substantiven war die mit raschelnden, über den Gehweg gewehten Blättern um drei Uhr in der Früh, mit Beerdigungszügen, die auf toten Gleisen vorbeiratterten, und Grillen, die ganz plötzlich und scheinbar grundlos zu zirpen aufhörten, sodass man seinen eigenen Herzschlag hören konnte, sich aber innig wünschte, es nicht zu können.

Was zu einer letzten Enthüllung führt …

Eines der Wörter auf meiner Liste in der High School war DAS DING, besser DAS DING AUF DER TREPPE.

In Waukegan, Illinois, wo ich aufwuchs, hatten wir nur ein einziges Bad: im Obergeschoss. Man musste zuerst ein unbeleuchtetes Treppenhaus bis zur Hälfte hochgehen, bevor man den Lichtschalter ertasten konnte. Ich versuchte, meinen Dad dazu zu überreden, das Licht die ganze Nacht anzulassen, aber das war zu teuer. Das Licht blieb aus.

Um zwei oder drei in der Nacht wachte ich auf und musste auf die Toilette. Mindestens eine halbe Stunde lang lag ich wach, hin- und hergerissen zwischen dem Bedürfnis nach Erleichterung und der Furcht vor dem, was auf der finsteren Treppe, die zum Speicher hinaufführte, auf mich wartete. Schließlich stand ich, gequält durch den schmerzhaften Drang, auf, tappte durch unser Esszimmer, Schritt für Schritt bis in den Flur und dachte: Renn los, spring hinauf, mach das Licht an, aber was immer du tust, schau bloß nicht nach oben. Wenn du hinaufsiehst, bevor das Licht an ist, dann wird ES da sein. Das Ding. Das schreckliche Ding, das oben an der Treppe lauert. Also renn blind; sieh nicht hin.

Ich rannte, sprang. Doch kein einziges Mal schaffte ich es: Im allerletzten Moment blinzelte ich und starrte hinauf in die Dunkelheit. Und es war immer da! Und ich schrie, fiel die Treppe hinunter und weckte damit meine Eltern. Mein Dad wälzte sich stöhnend im Bett herum und fragte sich, wie er zu einem solchen Sohn gekommen sein konnte. Meine Mutter stand auf, fand mich als zusammengekauertes Häufchen Elend im Flur und ging hinauf, um das Licht anzumachen. Sie wartete immer, bis ich auf der Toilette gewesen war und wieder herunterkam, küsste mein tränenüberströmtes Gesicht und steckte mich, der ich noch immer vor Furcht bebte, zurück ins Bett.

Dasselbe geschah die nächste, die übernächste und die darauf folgende Nacht. Durch meine Hysterie langsam dem Wahnsinn nahe, holte mein Vater den alten Nachttopf heraus und schob ihn unter mein Bett.

Aber ich wurde nie geheilt. Das Ding blieb dort, wo es war. Erst, als wir in den Westen zogen – ich war dreizehn –, entkam ich diesem nächtlichen Schrecken.

Und was habe ich in letzter Zeit gegen diesen Albtraum getan?

Nach so vielen Jahren steht das Ding immer noch oben auf der Treppe und wartet. Sechzig Jahre – von 1926 bis jetzt, Frühling 1986 – sind eine lange Wartezeit. Aber nun endlich, nach dem Lesen meiner stets verlässlichen Liste, habe ich *Das Ding* zu Papier gebracht, *auf der Treppe* hinzugefügt und mich letztlich dem finsteren Aufstieg und der arktischen Kälte gestellt, die seit sechzig Jahren darauf warten, durch meine eisigen Fingerspitzen in *Ihren* Blutkreislauf zu dringen. Die Story, die ich mir in meinen Erinnerungen zusammensuchte, ist diese Woche fertig geworden, noch vor diesem Essay also.

Ich verlasse Sie nun, um halb eins in der Nacht, am Fuß Ihrer eigenen Treppe mit einem Block, einem Stift und Ihrem Versprechen, eine Liste zusammenzustellen. Beschwören Sie nun die Substantive, wecken Sie Ihr geheimes Ich, kosten Sie von der Finsternis. Ihr eigenes *Ding* steht dort oben im Schatten des Dachbodens und wartet. Wenn Sie leise sprechen und jedes alte Wort, das aus Ihrer versandeten Erinnerung auf die Seite springen will, notieren …

… dann könnte das Ding dort oben an der Treppe in dieser Ihrer ganz persönlichen Nacht …

… durchaus *herunterkommen*.

Wie man eine Muse hält und nährt

ES IST NICHT LEICHT. NIEMAND HAT ES JE DAUERHAFT GESCHAFFT.

Die, die sich am meisten bemühen, verjagen sie. Der dagegen, der ihr den Rücken zuwendet und vor sich hinpfeifend dahinschlendert, hört ihren leisen Schritt hinter sich, wie sie ihm, angelockt durch mühsam antrainierte Missachtung, folgt.

Wir sprechen hier natürlich von der Muse.

Der Begriff wird heute in unserer Sprache nur noch selten gebraucht. Wenn wir ihn benutzen, lächeln wir und stellen uns das Bild einer zarten, griechischen Göttin vor, die, in Farnblätter gehüllt, eine Harfe in der Hand, über die Stirn des schwitzenden Dichters streicht.

Außerdem ist die Muse die schreckhafteste aller Jungfrauen. Sie fährt zusammen, wenn sie ein Geräusch hört, erbleicht, wenn man ihr eine Frage stellt, und ergreift hastig die Flucht, wenn man ihr Kleidchen in Unordnung bringt.

Was quält sie?, fragen Sie. Warum zuckt sie bei einem Blick zusammen? Woher kommt sie, wohin geht sie? Wie können wir sie dazu bringen, längere Zeit bei uns zu bleiben? Welche Temperatur behagt ihr? Mag sie laute Stimmen oder leise? Woher bekommt man Nahrung für sie, welche muss es sein und wie viel und wann will sie essen?

Wir können damit beginnen, Oscar Wildes Gedicht zu paraphrasieren, indem wir »Liebe« durch »Kunst« ersetzen.

Die Kunst flieht, wenn wir sie nicht umgarnen,
Die Kunst stirbt, wenn wir sie fest umarmen,
Fest oder nicht, wie sollen wir sagen,
ob wir sie halten oder verjagen?

Wenn Sie wollen, ersetzen Sie »Kunst« durch »Kreativität« oder »das Unbewusste« oder »Leidenschaft« oder wie immer Sie es nennen, wenn Sie sich plötzlich wie ein Feuerrad drehen und eine Geschichte entsteht.

Wir können die Muse auch beschreiben, indem wir sie mit kleinen Lichtflecken, luftigen Bläschen vergleichen, die über die Linse unseres Auges schweben und unsere Sicht einschränken. Jahrelang unbemerkt, können sie, sobald man sie erst einmal zur Kenntnis genommen hat, zum unerträglichen Ärgernis werden, das zu jeder Zeit des Tages die Aufmerksamkeit beeinträchtigt. Sie stören unsere Wahrnehmung, weil sie im Weg sind. Es sind schon Leute mit diesem Flecken-Problem zum Psychiater gegangen. Der unvermeidliche Rat: Ignorieren Sie sie, und sie verschwinden von allein. Tatsache ist: Sie verschwinden nicht; sie bleiben, aber wir konzentrieren uns nicht mehr auf sie, sondern auf die Welt mit ihren sich ständig verändernden Inhalten, genau wie wir es tun sollten.

Und so ist es auch mit unserer Muse. Wenn wir uns auf Punkte hinter ihr konzentrieren, sodass sie sich nicht mehr beobachtet fühlt, kann sie ihr inneres Gleichgewicht zurückgewinnen und ist uns nicht mehr im Weg.

Ich behaupte, dass man einer Muse Nahrung anbieten muss, um sie zu halten. Wie man aber jemanden, der noch nicht anwesend ist, bewirten kann, ist nicht ganz einfach zu erklären. Aber unser Leben besteht aus lauter Paradoxen. Auf ein weiteres soll es nicht ankommen.

Diese Tatsache ist einfach genug zu verstehen. Solange wir Nahrung und Wasser zu uns nehmen, werden unser ganzes Leben lang Zellen aufgebaut, wir wachsen, werden größer und kräftiger. Etwas, das nicht war, wird. Die Entwicklung verläuft unmerklich und wird nur in Abständen erkennbar. Wir wissen, dass es geschieht, aber nicht genau, wie oder warum.

In ähnlicher Weise nehmen wir während unseres Lebens Geräusche, Bilder, Geruch, Geschmäcker und Eigenart von Menschen, Tieren, Landschaften und Ereignissen, großen wie kleinen, auf. Wir füttern uns selbst mit Eindrücken, Erfahrungen und unseren Reaktionen darauf. In unser Unbewusstes gelangen nicht nur die nüchternen Daten, sondern auch, wie wir darauf reagieren und ob wir uns von ihnen distanzieren oder sie wertschätzen.

Dies ist die Nahrung, das Manna, von dem die Muse lebt. Das ist das Lagerhaus, das Archiv, in das wir in jeder wachen Stunde zurückkehren müssen, um die Realität der Erinnerung gegenüberzustellen. Während wir im Schlaf Erinnerung mit Erinnerungen vergleichen. Erinnerungen, die unsere Geister sind, und die wir mit der Gegenüberstellung, falls nötig, exorzieren können.

Was für alle Welt das Unbewusste, ist im kreativen Sinne für den Schriftsteller die Muse. Es sind lediglich zwei Bezeichnungen für dieselbe Sache. Wie wir es auch nennen, die Essenz des Individuums, das wir rühmen, dem wir Altäre bauen und zu dem wir uns in unserer demokratischen Gesellschaft bekennen, liegt darin. Daraus ist das Material der Originalität: Die Gesamtheit der gespeicherten und wieder vergessenen Erfahrungen, formt jeden Menschen, sodass er sich von allen anderen Menschen dieser Welt unterscheidet. Kein Mensch erlebt in seinem Leben die gleichen Ereignisse in derselben Reihenfolge wie ein anderer. Der eine begegnet dem Tod früher als der andere oder er lernt die Liebe früher kennen als ein anderer. Zwei Menschen, die denselben Unfall sehen, erinnern sich, wie wir wissen, unterschiedlich an ihn, legen ihn unter verschiedenen Stichworten ab, sortieren ihn unter einem anderen Buchstaben ihres ganz persönlichen Alphabetes ein. Es gibt auf der Welt nicht nur einhundert, sondern zwei Milliarden Elemente. Jedes hat einen anderen Platz in den Spektroskopen und Tabellen.

Wir wissen, wie frisch und originell jeder Mensch ist – selbst der lahmste und schlichteste. Wenn wir ohne Vorurteile auf ihn zugehen, ungezwungen mit ihm reden, ihn als Individuum akzeptieren und schließlich fragen: Was wollen Sie erreichen? (oder, wenn es sich um einen alten Menschen handelt: Was *wollten* Sie erreichen?), wird jeder Mensch schließlich von seinen Träumen sprechen. Und wenn ein Mensch sein Herz sprechen lässt, seiner Wahrheit Worte verleiht, dann spricht er Poesie.

Das habe ich nicht nur einmal, sondern tausendmal in meinem Leben erfahren. Mein Vater und ich waren lange Zeit nicht gerade gute Freunde. Seine Sprache, seine täglichen Gedanken enthielten nichts Bemerkenswertes. Doch wann immer ich bat: Dad, erzähl mir von Tombstone, als du siebzehn warst oder von den Weizenfeldern in Minnesota, als du zwanzig warst, begann er zu erzählen, wie er mit sechzehn von zu Hause fortgelaufen war und Anfang dieses Jahrhunderts nach Westen reiste, noch bevor die letzten Grenzen gezogen waren, als es statt Highways nur Pfade und Eisenbahnstrecken gab, als Nevada den Goldrausch erlebte.

Nicht in der ersten, der zweiten oder der dritten Minute geschah diese Sache mit Dads Stimme – noch war die richtige Modulation nicht vorhanden, noch kamen die richtigen Worte nicht. Doch nachdem er fünf oder sechs Minuten gesprochen und seine Pfeife angezündet hatte, kehrte ganz plötzlich die alte Leidenschaft zurück, die alten Tage, die Lieder, das Wetter, der Anblick der Sonne, der Klang der Stimmen, die Güterwagen, die tief in der Nacht vorbeifuhren, die Gefängnisse, die Spuren, die sich in der Ferne im goldenen Staub verloren, die Zeit, als der Westen sich öffnete – alles, alles, und dann der Tonfall, der Augenblick, die vielen Augenblicke der Wahrheit und darin die Poesie.

Die Muse war plötzlich zu meinem Dad gekommen.

Die Wahrheit lag in seiner Erinnerung bereit.

Das Unbewusste gab ihm die Worte vor, und sie strömten ihm ungehindert von seiner Zunge.

Und das ist es, was wir für unser Schreiben lernen müssen.

Das ist es, was wir von jedem Mann, jeder Frau, jedem Kind lernen können, wenn sie uns, berührt oder gerührt, von etwas erzählen, was sie heute, gestern oder irgendwann in der Vergangenheit geliebt oder gehasst haben. Nach etlichem Zischen kommt plötzlich der Moment, in dem die Zündschnur endlich brennt, und das Feuerwerk beginnt.

Für viele bedeutet es harte Arbeit, weil die Sprache sich querstellt. Aber ich habe Farmer über ihre allererste Weizenernte auf ihrer neuen Farm reden hören, und wenn es nicht *Robert Frost* war, der dort gesprochen hat, dann mindestens sein Vetter fünften Grades. Ich habe Lokomotivführer in der Sprache von Thomas Wolfe über Amerika reden hören, der unser Land auf seine Art durchreist hat. Ich habe Müttern zugehört, die von langen Nächten mit ihrem Erstgeborenen und ihrer Angst, sie und das Kind könnten sterben, erzählten. Ich habe meine Großmutter von ihrem ersten Ball mit sechzehn reden hören. Und sie alle wurden zu wahren Dichtern und Dichterinnen, sobald ihre Seelen sich erwärmt hatten.

Mag sein, dass ich etwas lange Umwege gehe, um zum Ziel zu kommen. Aber ich wollte Ihnen damit nur zeigen, was wir alle in uns haben, dass es schon immer da war, und dass man sich nur die Mühe machen muss, es aufzuspüren. Wenn man mich fragt, woher ich meine Ideen bekomme, muss ich lachen. Wie seltsam – die meisten sind so sehr damit beschäftigt, nach Mitteln und Wegen *Aus*schau zu halten, dass sie vergessen, in sich *hinein*zuschauen.

Die Muse, um wieder auf den Begriff zurückzukommen, ist immer da – ein großartiges Reservoir, unser gesamtes Sein. Das Einzigartige liegt in diesem Speicher und wartet darauf, hervorgeholt zu werden. Und doch wissen wir, dass es nicht so leicht ist, wie es sich anhört. Wir wissen, wie fragil die Struktur ist, die unsere Väter, unsere Verwandten oder Freunde gewebt haben, wie leicht sie durch ein falsches Wort, eine zuschlagende Tür oder ein vorbeifahrendes Feuerwehrauto zerstört werden kann. Ebenso können auch Verlegenheit, Schüchternheit oder die Erinnerung an Kritik den Durchschnittsmenschen knebeln, sodass er im Laufe seines Lebens immer seltener in der Lage ist, sich zu öffnen.

Gehen wir also davon aus, dass sich jeder von uns zuerst vom Leben ernährt, später dann durch Bücher und Zeitschriften. Der Unterschied liegt darin, dass ein Teil unserer Erlebnisse einfach »passiert«, während der andere mit einer Zwangsernährung vergleichbar ist.

Wenn wir unser Unbewusstes also auf eine sinnvolle Diät setzen wollen, wie gestalten wir dann die Mahlzeiten?

Nun, zum Beispiel so:

Lesen Sie jeden Tag Ihres Lebens Gedichte. Poesie ist gut, weil sie Geisteskraft beansprucht, die wir sonst nicht oft genug nutzen. Poesie erweitert die Sinne und hält sie in Topform. Sie erhält Ihr Bewusstsein dafür, dass Sie Nase, Augen, Ohren, Zunge, Hände haben. Poesie ist vor allem verdichtete Metapher oder Vergleich. Metaphern können sich – wie japanische Papierblumen – zu riesigen, fantastischen Formen entfalten. Und vor allem – in Gedichtbänden lassen sich überall Ideen finden. Trotzdem habe ich selten von Literaturdozenten gehört, die sie zur Inspiration empfehlen.

Meine Geschichte *Küstenstreifen bei Sonnenuntergang* entstand, nachdem ich das wunderschöne Gedicht von Robert Hillyers über eine Meerjungfrau bei Plymouth Rock gelesen hatte. Meine Story *Es werden kommen leise Regen* basiert auf dem gleichnamigen Gedicht von Sara Teasdale, denn der Kern der Geschichte ist das Thema ihres Gedichts. Von Byrons *Scheint der Mond in heller Pracht* wurde ich zu einem Kapitel in meinen *Mars-Chroniken* inspiriert, in dem es um eine ausgestorbene marsianische Rasse geht, die nun nie wieder nächtens durch die ausgetrockneten Meere des Roten Planeten wandern wird. In diesen Beispielen, wie auch in Dutzenden anderen, sprang mich eine Metapher an, wirbelte mich herum und ließ mich an die Schreibmaschine stürzen.

Was für Gedichte? Jede Art von Poesie, die es schafft, dass sich die Härchen auf Ihren Armen aufstellen. Zwingen Sie sich zu nichts. Bleiben Sie entspannt. Im Laufe der Jahre holen Sie vielleicht T.S. Eliot ein, überholen ihn oder begegnen ihm auf Ihrem Weg zu anderen Weidegründen. Sie behaupten, Sie würden Dylan Thomas nicht verstehen? Mag sein, wohl aber Ihr Ganglion und Ihr verborgenes Genie und all Ihre ungeborenen Kinder. Lesen Sie ihn, wie Sie ein Pferd betrachten, dem Sie mit offenen Augen folgen, wie es befreit an einem windigen Tag über endlos grüne Weiden jagt.

Was gehört noch auf Ihren Speisezettel?

Essays. Auch hier sollten Sie wieder auswählen und durch die Jahrhunderte schlendern. Sie werden eine große Auswahl aus der Zeit finden, bevor Essays an Popularität verloren. Man kann nie wissen, wann es wichtig wäre, etwas über die Einzelheiten im Leben eines Fußgängers zu wissen, über die Bienenzucht, wie man Grabsteine bearbeitet oder vom Spiel mit einem Reifen. Hier mimen Sie den Dilettanten, und hier zahlt es sich aus. Tatsächlich werfen Sie Steine in einen Brunnen. Jedes Mal, wenn Sie ein Echo aus Ihrem Unbewussten hören, lernen Sie sich selbst ein wenig besser kennen. Ein kleines Echo kann einen Gedanken auslösen. Ein großes Echo kann Sie zu einer Geschichte führen.

Suchen Sie Bücher aus, die Ihren Sinn für Farben, für Formen und Maße schärfen. Warum nicht mehr über Geruchssinn und Gehör erfahren? Ihre Figuren werden Nase und Ohren brauchen oder ihnen entgeht die Hälfte aller Gerüche und Geräusche der Stadt oder alle Laute der Wildnis, die noch immer in den Bäumen und Parks der Städte erklingen.

Warum dieses Beharren auf den Sinnen? Weil Sie, wenn Sie Ihren Leser davon überzeugen wollen, dass er mit *dabei* ist, alle seine Sinne mit Farben, Lauten, Geschmacksrichtungen und Beschaffenheiten bestürmen müssen. Wenn Ihr Leser die Sonne auf der Haut spürt, den Wind, der seine Ärmel flattern lässt, ist die halbe Schlacht gewonnen. Die unwahrscheinlichsten Geschichten werden glaubhaft, wenn der Leser über seine Sinne das Gefühl hat, mitten in den Ereignissen zu sein. Dann kann er sich nicht mehr weigern, daran teilzuhaben. Die Logik der Ereignisse steht immer hinter der Logik der Sinne zurück. Es sei denn, natürlich, Sie tun etwas Unverzeihliches, was den Leser aus dem Kontext reißt, wie zum Beispiel die Amerikanische Revolution mit Maschinengewehren zu gewinnen oder Dinosaurier und Höhlenmenschen in derselben Szene unterzubringen (sie lebten in ein paar Millionen Jahren Distanz). Obwohl sogar bei diesem letzten Beispiel eine sehr gut beschriebene, technisch perfekte Zeitmaschine den Unglauben wieder außer Kraft setzen könnte.

Poesie, Essays. Was ist mit Kurzgeschichten, Romanen? Natürlich. Lesen Sie Autoren, die so schreiben, wie Sie gerne schreiben möchten, so denken, wie Sie gerne denken würden. Aber lesen Sie auch die Autoren, die nicht so denken und schreiben wie Sie denken oder schreiben wollen, und lassen Sie sich dadurch zu Richtungen anregen, die Sie vielleicht noch jahrelang nicht einschlagen werden. Und lassen Sie sich nicht vom Snobismus anderer daran hindern, Kipling zu lesen, weil er, sagen wir, gerade nicht in ist.

Wir leben in einer Kultur, einer Zeit, die ebenso reich an Schund wie an Schätzen ist. Manchmal ist es schwer, den Schund von den Schätzen zu unterscheiden, darum halten wir uns mit unserer Meinung zurück. Aber da wir uns schon auf den Weg gemacht haben, um uns Struktur zu verleihen, auf vielen Ebenen und Arten Wahrheiten zu sammeln, uns an dem Leben und den Wahrheiten anderer zu messen – Wahrheiten, die uns in Comics, Fernsehen, Büchern, Zeitschriften, Zeitungen, Theater und Filmen präsentiert werden –, sollten wir uns nicht davor fürchten, in zweifelhafter Gesellschaft angetroffen zu werden. Ich habe mich immer schon sehr gut mit Al Capps *L'il Abner* verstanden. Ich finde, man kann von den *Peanuts* sehr viel über Kinderpsychologie lernen. Hal Foster hat mit seinem *Prinz Eisenherz* eine prächtige Welt der romantischen Abenteuer entworfen. Als Junge sammelte ich die wunderschönen, täglich in der Zeitung erscheinenden Strips von J. C. Williams *Out Our Way* über die amerikanische Mittelklasse und habe mich möglicherweise in meinen späteren Büchern davon beeinflussen lassen. Ich bin ein Freund von Charlie Chaplins *Moderne Zeiten* von 1935 wie von Aldous Huxley aus dem Jahr 1961. Ich bin vieles von dem, was Amerika zu meiner Zeit gewesen ist. Ich war klug genug, in Bewegung zu bleiben, zu lernen, zu wachsen. Und ich habe mich niemals für Dinge geschämt, über die ich hinausgewachsen war. Ich lernte von Tom Swift, und ich lernte von George Orwell. Ich verschlang Edgar Rice Burroughs *Tarzan* (und weigere mich immer noch, mir diese Begeisterung ausreden zu lassen), und ich genieße noch heute C.S. Lewis *Dienstanweisung für einen Unterteufel*. Ich habe Bertrand Russell und ich habe Tom Mix kennengelernt, und meine Muse ist aus dieser fruchtbaren Mischung aus Gut, Schlecht und Indifferent erwachsen. Ich bin dieses Wesen, das sich nicht nur zärtlich an Michelangelos Deckengemälde im Vatikan erinnert, sondern auch an die längst verstummten Klänge der Radiosendung *Vic and Sade*.

Wie sieht das Muster aus, das all dies verbindet? Wenn ich meine Muse zu gleichen Teilen mit Schund und Schätzen genährt habe, wie ist es mir dann gelungen, in der zweiten Hälfte meines Lebens etwas hervorzubringen, was einige Menschen für akzeptable Geschichten halten?

Ich glaube, dass nur eines dies alles zusammenhält. Alles, was ich je getan habe, ist mit Leidenschaft getan worden – weil ich es tun wollte, weil ich es mit Freude getan habe. Der großartigste Mensch für mich war einst Lon Chaney, war Orson Welles in *Citizen Kane*, war Laurence Olivier in *Richard III*. Die Menschen wechselten, doch eines blieb immer dasselbe: das Fieber, die Glut, die Freude. Weil ich es tun wollte, tat ich es. Wovon ich mich ernähren wollte, davon ernährte ich mich. Ich weiß noch, wie ich einmal, erschüttert, aus einem Theater in meiner Heimatstadt kam und ein lebendes Kaninchen in den Händen hielt, das mir Blackstone, der Zauberer in der großartigsten Vorstellung, die es je gegeben hat, geschenkt hatte. Ich weiß noch, wie ich, überwältigt, im Jahr 1933 durch die Straßen aus Pappmaché auf der Progress Exhibition in Chicago lief; durch die Flure der venezianischen Dogenpaläste 1954 in Italien. Die Art der Erlebnisse war ganz verschieden, doch meine Fähigkeit, sie in mich aufzunehmen, dieselbe.

Dies soll nicht heißen, dass die Reaktion eines Menschen auf ein bestimmtes Erlebnis immer dieselbe sein sollte. Das kann sie auch gar nicht. Mit zehn Jahren wird Jules Verne akzeptiert, Huxley abgelehnt. Mit achtzehn wird Thomas Wolfe akzeptiert, Buck Rogers verabschiedet. Mit dreißig Melville entdeckt, Thomas Wolfe vergessen.

Was unverändert bleibt: die Suche, das Finden, die Bewunderung, die Liebe, die aufrichtige Reaktion auf das gerade Gegenwärtige, wie schäbig es auch später einmal erscheinen mag, wenn man darauf zurückblickt. Als ich zehn war, forderte ich die Figur eines afrikanischen Gorillas aus billigster Keramik an – man bekam sie, wenn man die Verpackung von Fould's Macaroni einschickte. Der Gorilla, der mit der Post ankam, wurde so enthusiastisch empfangen wie der Knabe David bei seiner ersten Wiederkunft.

Die Ernährung der Muse, mit der wir bisher den größten Teil der Zeit verbracht haben, ist in meinen Augen also die ständige Suche nach dem, was man liebt, das Abwägen dieser Liebe gemessen an den gegenwärtigen und künftigen Bedürfnissen, der Transfer von schlichten Strukturen zu komplexeren, von naiven zu anspruchsvolleren, von nicht-intellektuellen zu intellektuellen. Nichts geht je verloren. Wenn Sie sich über weite Gebiete bewegt haben, gewagt haben, auch Albernheiten zu lieben, dann werden Sie sogar von den einfachsten gesammelten und wieder vergessenen Gegenständen gelernt haben: von einer stets wachen Neugier auf alle Arten der Kunst, von schlechtem Radioprogramm zu gutem Theater, vom Kinderlied zur Symphonie, von der Dschungelfestung zu Kafkas *Schloss*. Überragendes muss herausgesiebt, Wahrheiten gefunden werden, die behalten, gekostet und zu irgendeinem späteren Zeitpunkt verwendet werden können. Nichts anderes bedeutet es, ein Kind zu seiner Zeit zu sein.

Wenden Sie sich nicht für Geld von all den Dingen ab, die Sie im Verlauf Ihres Lebens gesammelt haben.

Wenden Sie sich nicht aus eitler Freude an intellektuellem Publizieren von dem ab, was Sie sind – von dem, was Sie in Ihrem Inneren tragen, das Sie zum Individuum und daher für andere einzigartig macht.

Um Ihre Muse zu nähren, sollten Sie also stets so hungrig auf das Leben bleiben, wie Sie es als Kind gewesen sind. Waren Sie es nicht, dann ist es ein wenig spät, um noch damit zu beginnen. Andererseits: besser spät als nie. Trauen Sie es sich zu?

Es bedeutet, dass sie wieder lange nächtliche Spaziergänge durch Ihre Stadt oder Ihren Heimatort oder über Land unternehmen. Und tagsüber lange durch die Gegend wandern, um Bibliotheken und Buchläden zu besuchen.

Und während wir noch die Muse nähren, müssen wir schließlich noch dieses Problem lösen: Wie stellen wir es an, dass sie bei uns bleibt?

Die Muse muss eine Gestalt erhalten. Sie werden zehn oder zwanzig Jahre lang gut tausend Worte am Tag schreiben, um ihr Form zu geben, um genug über Grammatik und Storyaufbau zu lernen, damit sie ein Teil Ihres Unbewussten werden und die Muse weder behindern noch beeinträchtigen können.

Dadurch, dass Sie ungezwungen leben und beobachten, während Sie leben, dass Sie ungezwungen lesen und beobachten, während Sie lesen, haben Sie Ihrem *Höchst Einzigartigen Ich* Nahrung gegeben. Dadurch, dass Sie das Schreiben durch wiederholte Übungen, durch Imitation und gute Vorbilder trainieren, haben Sie einen sauberen, gut beleuchteten Ort geschaffen, an dem sich die Muse aufhalten kann. Sie haben ihr, ihm oder was auch immer Raum gegeben, um sich zu bewegen. Und durch Übung sind Sie entspannt genug geworden, um die Inspiration nicht unhöflich anzustarren, falls sie in Ihr Arbeitszimmer tritt.

Sie haben gelernt, sofort zur Schreibmaschine zu gehen, um die Inspiration für alle Zeiten zu erhalten, indem Sie sie zu Papier bringen.

Und Sie kennen die Antwort auf die Frage, die wir zuvor gestellt haben: Mag Kreativität eher laute oder leise Stimmen?

Die laute, die leidenschaftliche Stimme scheint am besten zu gefallen. Die Stimme im Konflikt erhoben, die Gegenüberstellung von Gegensätzen. Setzen Sie sich an Ihre Schreibmaschine, suchen Sie sich unterschiedliche Charaktere und lassen Sie sie mit großem Getöse aufeinanderprallen. Sofort ist Ihr verborgenes Ich alarmiert. Wir alle sind fasziniert von Entscheidungen, Stellungnahmen – von jemandem, der laut für etwas ist, oder jemandem, der laut dagegen ist.

Das soll nicht heißen, dass die ruhige Geschichte zurückstehen muss. Man kann in eine stille Geschichte ebenso viel Leidenschaft einbringen wie in jede andere. In der stummen Schönheit der Venus von Milo liegt sehr viel Erregung. Hier ist der Betrachter so wichtig wie der betrachtete Gegenstand selbst.

Seien Sie sicher: Wenn aufrichtige Liebe spricht, wenn wahre Bewunderung beginnt, wenn Erregung aufsteigt, wenn sich Hass wie Rauch emporwindet, brauchen Sie niemals Zweifel daran zu haben, dass die Kreativität lebenslang bei Ihnen bleibt. Was will Ihre Figur, wie lautet ihr Traum, welche Gestalt hat dieser und wie wird er ausgedrückt? Wenn ihm Ausdruck verliehen wurde, ist er der Motor ihres Lebens und auch der des Ihren – der ihres Schöpfers. In demselben Moment, in dem die Wahrheit hervorbricht, verdichtet das Unbewusste Material, das für den Papierkorb bestimmt ist, zu himmlischen Geschichten in einem goldenen Buch.

Dann betrachten Sie sich selbst. Überlegen Sie, wovon Sie sich in den vergangenen Jahren ernährt haben. Waren es Festmahle oder Hungerkuren?

Wer sind Ihre Freunde? Glauben sie an Sie? Oder behindern sie Ihre Entwicklung durch Spott oder Zweifel? Wenn es so ist, besitzen Sie keine Freunde. Machen Sie sich auf, um wirkliche zu suchen.

Schließlich – haben Sie genügend geübt, um sagen zu können, was Sie sagen wollen, ohne Hemmungen zu empfinden? Haben Sie genug geschrieben, um entspannt zuzulassen, dass die Wahrheit sich zeigen kann, nicht durch Befangenheit unterdrückt oder durch den Wunsch nach Reichtum verfälscht wird?

Sich gut zu ernähren, ermöglicht das Wachstum. Gut und beständig zu arbeiten, ermöglicht Ihnen, Ihre Erfahrungen und

Ihr Wissen in Bestform zu erhalten. Erfahrung. Arbeit. Es sind die zwei Seiten der Münze, die, wenn man sie aufrecht auf die Tischplatte stellt und dreht, weder Erfahrung noch Arbeit zeigt, sondern den Augenblick der Offenbarung. Die Münze wird durch optische Täuschung zu einer funkelnden, wirbelnden Kugel des Lebens. Das ist der Moment, in dem die Scharniere der Eingangtür auf der Veranda leise quietschen und eine Stimme erklingt. Alle halten den Atem an. Die Stimme steigt an, verebbt. Dad erzählt von alten Zeiten. Ein Geist steigt von seinen Lippen auf. Das Unbewusste regt sich, reibt sich die Augen. Die Muse wagt sich ins Farnkraut unterhalb der Veranda, wo die Jungen ausgestreckt im Gras liegen und zuhören. Die Worte werden zu Poesie, die niemand erkennt, weil noch niemand daran gedacht hat, sie so zu nennen. Zeit ist dort. Liebe ist dort. Eine Geschichte ist dort. Ein Mann erhält und verschenkt seinen unendlich kleinen Anteil an der Ewigkeit. Es klingt großartig an diesem Sommerabend. Und das ist es auch, wie schon immer seit ewigen Zeiten, wenn ein Mann etwas zu erzählen hat und andere klug genug sind, zu schweigen und zuzuhören.

ABSCHLIESSENDE BEMERKUNGEN

Der erste Filmstar, an den ich mich erinnere, ist Lon Chaney.
    Die erste Zeichnung, die ich fertigte, war die eines Skeletts.
    Das erste ehrfurchtsvolle Staunen, an das ich mich erinnere, galt den Sternen am nächtlichen Sommerhimmel von Illinois.
    Die ersten Geschichten, die ich las, waren Science-Fiction-Storys aus *Amazing*.

Das allererste Mal, als ich von zu Hause fortging, reiste ich nach New York, um die Welt der Zukunft im *Perisphere*-Erdball im Schatten des Trylon zu bewundern.

Meine erste Entscheidung zur Berufswahl traf ich mit elf, als ich Zauberer werden und mit meinen Tricks die Welt bereisen wollte.

Meine zweite Entscheidung traf ich mit zwölf, als ich zu Weihnachten eine Spielzeugschreibmaschine bekam.

Ich beschloss, Schriftsteller zu werden. Und zwischen der Entscheidung und der Umsetzung in die Realität lagen acht Jahre Junior High School, High School und Arbeit als Zeitungsjunge an einer Straßenecke in Los Angeles, acht Jahre, in denen ich drei Millionen Wörter schrieb.

Meine erste Zusage bekam ich von Rob Wagners *Script*-Magazin, als ich zwanzig war.

Mein zweite verkaufte Geschichte ging an *Thrilling Wonder Stories*.

Meine dritte an *Weird Tales*.

Seitdem habe ich zweihundertfünfzig Storys an beinahe jede Zeitschrift in den USA verkauft und außerdem das Drehbuch zu *Moby Dick* für John Huston geschrieben.

Ich habe für *Weird Tales* über Lon Chaney und die Skelett-Menschen geschrieben.

Ich habe Illinois und seine Wildnis in meinem Roman *Löwenzahnwein* verarbeitet.

Jene Sterne meiner Romane und Geschichten, zu denen eine neue Generation reist, sind die Sterne am Himmel über Illinois.

Ich habe Zukunftswelten erschaffen, ähnlich der, die ich als Junge auf der Weltausstellung in New York sah.

Und ich bin – sehr spät – zu dem Schluss gekommen, dass ich meinen allerersten Traum niemals aufgegeben habe.

Ich bin, ob Sie es glauben oder nicht, doch eine Art Zauberer geworden, Houdinis Halbbruder, Kaninchen-geborener Sohn von Blackstone, der, wie ich mir gerne vorstelle, im Kinoflimmern eines alten Lichtspielhauses zur Welt gekommen ist (mein zweiter Name lautet Douglas; Fairbanks war zum Zeitpunkt meiner Geburt 1920 auf dem Höhepunkt seines Schaffens). Ich bin in einer idealen Zeit aufgewachsen – in einer Zeit, in der der Mensch seinen letzten und größten Schritt aus dem Meer tat, das ihn hervorgebracht hat, aus der Höhle, die ihm Schutz gab, vom Land, das ihn ernährte und hinaus in die Luft drängte – in den Himmel, der ihn unablässig lockte, sodass er nicht zu Ruhe kommen konnte.

Alles in allem bin ich ein buntscheckiger Spross unseres Zeitalters der Massenbewegung, Massenunterhaltung und Einsamkeit in der Menschenmenge einer Sylvesternacht.

Es ist großartig, in diesem Zeitalter zu leben und, wenn es sein muss, darin oder dafür zu sterben. Jeder Magier, der etwas taugt, wird es Ihnen bestätigen.

1961

Betrunken,

am Steuer

eines

Fahrrads

IN EINEM ARTIKEL FÜR *THE NATION* VERTEIDIGTE ICH 1953 MEINE ARBEIT ALS SCIENCE-FICTION-AUTOR, OBWOHL SICH HÖCHSTENS EIN DRITTEL MEINER JÄHRLICHEN PRODUKTION UNTER DIESES GENRE EINORDNEN LIESS.

Ein paar Wochen später kam ein Brief aus Italien. Auf der Rückseite des Umschlags stand in krakeliger Handschrift geschrieben:

B. Berenson
I Tatti, Settignano
Firenze, Italia

Ich wandte mich zu meiner Frau um und sagte: »Mein Gott, das ist doch wohl nicht *der* Berenson, der große Kunsthistoriker?!«

»Mach auf«, sagte meine Frau.
Das tat ich und las:

Sehr geehrter Mr. Bradbury,
 dies ist der erste Fanbrief, den ich in meinem 89-jährigen Leben schreibe. Ich habe eben Ihren Artikel »Day After Tomorrow« in The Nation *gelesen. Und es ist das erste Mal, dass ich von einem Künstler, in welchem Bereich er auch arbeiten mag, die Aussage höre, um kreativ zu sein, müsse man seine Arbeit mit Leben anreichern und sie als Spaß oder als faszinierendes Abenteuer betrachten.*
 Was für ein Unterschied zu den Arbeitern in der Schwerindustrie, zu der das professionelle Schreiben geworden ist!
 Sollten Sie je nach Florenz kommen, besuchen Sie mich bitte.
 Mit freundlichen Grüßen,
 Ihr B. Berenson

Und so erhielt ich im Alter von dreiunddreißig Jahren für meine Art zu denken, zu schreiben und zu leben den Segen eines Mannes, der mir ein zweiter Vater wurde.

Ich brauchte diese Bestätigung. Wir alle brauchen jemanden, der erfahrener, älter, weiser ist, der uns versichert, dass wir doch nicht verrückt sind, dass das, was wir tun, in Ordnung ist. In Ordnung? Von wegen – *sehr gut!*

Denn man zweifelt sehr schnell an sich, weil man ständig mit Ansichten anderer Intellektueller oder Schriftsteller konfrontiert wird, die einem die Schamesröte ins Gesicht treiben. Da ist zum Beispiel die weit verbreitete Ansicht, dass das Schreiben schwierig und quälend, eine furchtbare Mühsal, eine schreckliche Beschäftigung sei.

Mich aber, wissen Sie, haben meine Geschichten durchs Leben geführt. Sie rufen mich, ich folge ihnen. Sie kommen herbeigerannt und beißen mich ins Bein; ich reagiere, indem ich alles aufschreibe, was während des Beißens geschieht. Wenn ich fertig bin, lässt die Idee los und stürmt davon.

Das ist die Art Leben, das ich geführt habe. Betrunken, und am Steuer eines Fahrrads, wie es einst in einem irischen Polizeibericht zu lesen war. Trunken vom Leben und nicht wissend, wohin es als nächstes gehen soll. Hauptsache, man ist noch vor Tagesanbruch wieder auf dem Weg. Und der Ausflug? Genau eine Hälfte Entsetzen, genau eine Hälfte Heiterkeit.

Als ich drei war, schmuggelte meine Mutter mich zwei- oder dreimal die Woche ins Kino. Mein erster Film war *Der Glöckner von Nôtre Dame* mit Lon Chaney. Nicht nur mein Rückgrat, sondern auch meine Fantasie fand an diesem Tag im Jahr 1923 Gefallen an der Verkrümmung. Von da an entdeckte ich überall verwandte und wundervoll groteske Gefährten der Finsternis. So oft ich konnte, lief ich ins Kino, um mir immer wieder Lon Chaneys Filme anzusehen und mich köstlich zu gruseln. Das Phantom der Oper hielt seinen flatternden Umhang über mein Leben. Und wenn es nicht das Phantom war, dann die scheußliche Hand aus *The Cat and the Canary*, die hinter dem Bücherregal hervorragte und mich lockte, näher zu kommen und in den Büchern weiteres Grauen zu entdecken.

Damals war ich verliebt in Monster und Skelette und Zirkusse und Jahrmärkte und Dinosaurier und – nicht zuletzt – in den Roten Planeten, den Mars.

Aus diesen einfachen Bausteinen habe ich ein Leben, eine Karriere aufgebaut. Aus meiner dauerhaften Liebe für all diese erstaunlichen Dinge ist alles Gute in meinem Dasein erwachsen.

Mit anderen Worten: Mir sind Jahrmärkte nicht unangenehm. Manchen Menschen schon. Jahrmärkte sind laut und vulgär und fangen in der Sonne an zu riechen. Mit dreizehn oder vierzehn hat ein junger Mensch meist bereits begonnen, seine Faszinationen, seine ursprünglichen und intuitiven Vorlieben nach und nach abzulegen, sodass, wenn er erwachsen geworden ist, kaum noch Spaß übrig ist, keine Leidenschaft, kein Gusto. Er ist von anderen kritisiert worden, hat sich selbst kritisiert, Hemmungen wurden aufgebaut. Wenn der Jahrmarkt um fünf Uhr in der Früh, im Dunkel eines kühlen Sommermorgens ankommt und die Dampfpfeifenorgel erklingt, dann stehen diese Menschen nicht auf, um loszulaufen, sondern drehen sich in ihren Betten um und lassen das Leben an sich vorbeiziehen.

Ich bin immer aufgestanden und losgerannt. Mit neun Jahren erkannte ich, dass ich Recht hatte und alle anderen sich irrten. In diesem Jahr trat Buck Rogers in mein Leben, und es war Liebe auf den ersten Blick. Ich sammelte die täglich erscheinenden Comicstrips und war vollkommen verrückt danach. Freunde kritisierten. Freunde spotteten. Ich zerriss meine Buck-Rogers-Strips. Einen Monat lang stolperte ich wie betäubt durch die Klassenräume der vierten Stufe und fühlte mich leer. Schließlich brach ich in Tränen aus. Was war mir bloß zugestoßen? Doch dann begriff ich: Das Problem war Buck Rogers. Er war fort, und das Leben war einfach nicht mehr lebenswert. Der nächste Gedanke war: Das sind keine Freunde, die mich dazu gebracht haben, meine Buck-Rogers-Strips zu zerfetzen und so mein Leben mittendurch zu reißen – das sind meine Feinde.

Ich begann wieder, Buck Rogers zu sammeln. Seitdem führe ich ein glückliches Leben. Denn dies war der Beginn meiner schriftstellerischen Tätigkeit im Bereich Science-Fiction. Seitdem höre ich nicht mehr auf andere, die mir meinen Spaß an Weltraumreisen, Kuriositätenkabinetten oder Gorillas verleiden wollen. Wenn so etwas vorkommt, packe ich meine Dinosaurier zusammen und verlasse den Raum.

Denn, wissen Sie, es ist alles fruchtbarer Boden, Mulch. Wenn ich meinen Kopf nicht ein Leben lang mit all den erwähnten Interessen gefüttert hätte, hätte ich, als ich die Methode entwickelte, durch Wörter Geschichten zu assoziieren, lediglich eine Tonne Nichtigkeiten und eine halbe Tonne Nullen hervorgebracht.

Das Kinderzimmer ist ein Musterbeispiel dafür, was in einem Kopf voller Bilder, Mythen und Spielzeug vor sich geht. Vor gut dreißig Jahren setzte ich mich an meine Schreibmaschine und tippte die Wörter: »Das Spielzimmer.« Spielzimmer wo? In der Vergangenheit? Nein. In der Gegenwart? Kaum. In der Zukunft? Ja! Nun, dann … wie mag ein Spielzimmer in irgendeiner Zukunft wohl aussehen? Ich begann zu schreiben, begann mich durch Wörter durch das Zimmer zu assoziieren. Ein solches Spielzimmer musste eine Reihe Fernsehschirme an jeder Wand, an der Decke haben. Ein Kind, das den Raum betrat, sollte einfach nur ausrufen können: Der Nil! Die Sphinx! Pyramiden! und schon würden sie auftauchen und es in Farbe, mit den passenden Lauten und – warum nicht? – wunderbar warmen Düften und Gerüchen umgeben.

All dies flog mir in ein paar Sekunden zu, in denen ich rasch tippte. Ich kannte das Zimmer, nun musste ich Figuren hinein setzen. Ich tippte den Namen George und stellte ihn in eine Küche der Zukunft, wo sich seine Frau zu ihm umwandte und sagte:

»George, könntest du mal nach dem Kinderzimmer sehen? Ich glaube, da stimmt irgendetwas nicht …«

George und seine Frau gehen durch den Flur. Ich gehe ihnen hastig tippend nach, ohne zu wissen, was als nächstes geschehen wird. Sie öffnen die Tür zum Spielzimmer und treten ein.

Afrika. Brennende Sonne. Geier. Kadaver. Löwen.

Zwei Stunden später springen die Löwen aus den Wänden des Spielzimmers und verschlingen George und seine Frau, während ihre fernsehgeschädigten Kinder daneben sitzen und Tee trinken.

Ende der Wortassoziation. Ende der Geschichte. Das ganze eine Ideenexplosion, in ungefähr hundertzwanzig Minuten beendet und fast fertig zum Versenden.

Woher kamen die Löwen in dem Zimmer?

Von den Löwen, die ich mit zehn in den Büchern der Stadtbibliothek fand. Von den Löwen, die ich mit fünf im Zirkus sah. Von den Löwen, die 1924 in Lon Chaneys Film *Der Mann, der Ohrfeigen bekam* herumschlichen.

1924!, wiederholen Sie vielleicht ausgesprochen zweifelnd. Ja, 1924. Erst vor einem Jahr sah ich den Film noch einmal. Sobald die Bilder auf der Leinwand erschienen, wusste ich, dass meine Löwen aus *Das Kinderzimmer* von dort gekommen waren. Sie hatten sich die ganzen Jahre über versteckt, hatten im Schutz meines intuitiven Ichs gewartet.

Denn ich bin einer von diesen Besessenen, ein Kind im Mann, das sich an alles erinnert. Ich erinnere mich an den Tag und die Stunde meiner Geburt. Ich erinnere mich an meine Beschneidung am vierten Tag meines Lebens. Ich erinnere mich, an der Brust meiner Mutter gesaugt zu haben. Jahre später fragte ich meine Mutter nach meiner Beschneidung. Ich wusste Dinge, die man mir nicht gesagt haben konnte, da es keinen Grund gab, sie einem Kind zu erzählen – ganz besonders nicht in diesen noch-viktorianischen Zeiten. Wurde ich außerhalb des Krankenhauses, in dem meine Mutter lag, beschnitten? Allerdings. Mein Vater brachte mich in die Praxis des Arztes. Ich erinnere mich an den Arzt. Ich erinnere mich an das Skalpell.

Sechsundzwanzig Jahre später schrieb ich *Baby*. Es geht um einen Säugling, der mit reifem Verstand zur Welt kommt, der den endlosen Schrecken erlebt, in eine kalte Welt hinausgestoßen zu werden, und sich an seinen Eltern rächt, indem er heimlich nachts herumkriecht und sie schließlich vernichtet.

Wann hat alles begonnen? Das Schreiben, meine ich. Im Sommer, Herbst und zu Beginn des Winters des Jahres 1932 fügte sich alles zusammen. Zu diesem Zeitpunkt war ich voll von Buck Rogers, den Romanen von Edgar Rice Burroughs und dem abendlichen Radio-Serial *Chandu the Magician*. Chandus magische Sprache, seine Zaubersprüche, der ferne Osten und die seltsamen Schauplätze brachten mich dazu, jeden Abend die neue Folge der Serie aus der Erinnerung niederzuschreiben.

Aber das ganze Konglomerat aus Magie und Mythen und den durch Brontosaurier verursachten Treppenstürzen, nach denen ich mich mit den *Juwelen von Opar* wieder aufrappelte, erhielt durch eine einzige Person eine Struktur: Mr. Electrico!

Er tauchte mit einer schmierigen zweitklassigen Schaustellertruppe – den Dill Brothers – am Labor Day-Wochenende im Jahr 1932 auf. Ich war zwölf. Drei Abende lang saß Mr. Electrico auf seinem elektrischen Stuhl und ließ sich mit zehn Milliarden Volt reiner, blauer, sirrender Energie unter Strom setzen. Mit flammenden Augen, seine weißen Haare aufgerichtet, Funken zwischen seinen entblößten Zähnen, streckte er die Hände nach dem Publikum aus, führte sein Excalibur-Schwert über die Köpfe der Kinder und schlug sie mit Feuer zu Rittern. Als er zu mir kam, tippte er mir auf beide Schultern und auf die Nase. Der Blitz sprang auf mich über. »Mögest du ewig leben!«, rief Mr. Electrico.

Ich fand, dass das die beste Idee war, die man mir jemals geschenkt hatte. Am nächsten Tag besuchte ich Mr. Electrico mit der Ausrede, dass ein Nickel-Zaubertrick, den ich ihm abgekauft hatte, nicht richtig funktionierte. Er reparierte ihn mir und führte mich anschließend zu den Zelten, in denen wir die Zwerge, die Akrobaten, die fetten Frauen und Tätowierten begrüßten.

Dann spazierten wir hinunter zum Michigansee, wo Mr. Electrico mir seine kleine Philosophien darlegte, während ich meine großen erklärte. Warum er sich mit mir abgab, werde ich wohl nie erfahren. Aber er hörte mir zu, oder tat jedenfalls so, vielleicht, weil er so weit von zu Hause fort war, vielleicht, weil er irgendwo auf der Welt einen Sohn hatte, oder weil er vielleicht keinen Sohn hatte und sich einen wünschte. Jedenfalls erzählte er mir, dass er früher ein presbyterianischer Priester gewesen sei und in Cairo, Illinois, lebte, und ich könne ihm dorthin schreiben, wann immer ich wollte.

Zum Schluss enthüllte er mir etwas Wichtiges.

»Wir kennen uns schon«, sagte er. »Du warst damals im Jahr 1918 in Frankreich mein bester Freund und bist in meinen Armen bei der Schlacht in den Ardennen gestorben. Und jetzt bist du wieder da, wiedergeboren in einem neuen Körper mit einem neuen Namen. Schön, dich zu sehen!«

Selig stolperte ich von dieser Begegnung mit Mr. Electrico nach Hause. Er hatte mir zwei Geschenke gemacht: Das Geschenk, schon einmal gelebt zu haben (und jemanden zu treffen, der davon erzählen kann) ... und das Geschenk, dass ich von nun an versuchen wollte ewig zu leben.

Ein paar Wochen später begann ich meine ersten Kurzgeschichten über den Mars. Seit damals habe ich dieses Thema niemals fallen lassen. Gott segne Mr. Electrico, den Katalysator, wo immer er jetzt sein mag.

Wenn ich jeden Aspekt alles bisher Gesagten berücksichtige, erscheint es mir beinahe unvermeidlich, dass meine schriftstellerischen Anfänge auf dem Dachboden stattgefunden haben. Seit ich zwölf Jahre alt war bis zu meinem zweiundzwanzigsten oder dreiundzwanzigsten Lebensjahr, schrieb ich noch nach Mitternacht Kurzgeschichten – unkonventionelle Kurzgeschichten über Geister, spukende Wesen oder seltsame Dinge in Schraubgläsern, die ich auf drittklassigen Jahrmärkten gesehen hatte; über Freunde, die in den Fluten des Sees verschwunden waren, und über die Gefährten der Nacht, Seelen, die im Dunkeln umherschwirren müssen, weil die Sonne sie vernichten würde.

Ich brauchte Jahre, um mich vom Dachboden, wo ich mich mit meiner eigenen Sterblichkeit auseinandersetzte (eine typische Teenager-Beschäftigung), hinunterzuschreiben, um ins Wohnzimmer zu gelangen und schließlich hinaus auf die Wiese und in die Sonne, wo die Löwenzahnblüten darauf warteten, zu Wein zu werden.

Mich mit meinen Verwandten am 4. Juli in den Vorgarten zu begeben, führte mich nicht nur zu meinen Geschichten über Green Town, Illinois, sondern lenkte mich auch in Richtung Mars, wobei ich dem Rat von Edgar Rice Burroughs und John Carter folgte und das Gepäck meiner Kindheit, meine Onkel, Tanten, meine Eltern und meinen Bruder mit mir schleppte. Oder präziser: Als ich auf dem Mars ankam, warteten sie sogar schon auf mich – oder es waren Marsianer, die genauso aussahen wie sie. Die Green Town-Storys, die schließlich eher zufällig in den Roman *Löwenzahnwein* mündeten, und die Geschichten vom Roten Planeten, die sich ebenso zufällig zu dem Roman *Die Mars-Chroniken* zusammenfügten, wurden beide jeweils in den Jahren geschrieben, in denen ich zu der Regentonne vor dem Haus meiner Großeltern lief, um all die Erinnerungen, die Mythen, die Wortassoziationen früherer Jahre herauszuschöpfen.

Außer in Marsianer verwandelte ich meine Verwandten auch in Vampire, die eine Stadt bevölkerten, ähnlich der in *Löwenzahnwein*, ein finsterer Cousin ersten Grades jener Stadt auf dem Mars, wo sich die Dritte Expedition erschöpfte. Auf diese Art lebte ich mein Leben gleich dreifach – als Erforscher einer Kleinstadt, als Raumfahrer und als Wanderer in Begleitung von Graf Draculas amerikanischen Vettern.

Ich merke gerade, dass ich längst noch nicht genug über die eine bestimmte Kreatur gesagt habe, die durch meine Kurzgeschichten stapft, die hier in Albträumen erwacht, um dort in Verzweiflung und Einsamkeit aufzutauchen: Dinosaurier. Im Alter von siebzehn bis zu meinem zweiunddreißigsten Lebensjahr schrieb ich ungefähr ein halbes Dutzend Sauriergeschichten.

Eines Abends, als meine Frau und ich am Strand von Venice, Kalifornien, wo wir in einer Wohnung für Jungverheiratete für dreißig Dollar im Monat lebten, entlang wanderten, trafen wir auf die Überreste des Vergnügungsparks von Venice Pier und sahen die Streben, Schienen und Gestänge einer alten Achterbahn, die im Sand zusammengebrochen war und von den Wellen aufgezehrt wurde.

»Was macht denn dieser Saurier hier am Strand?«, fragte ich.

Meine Frau, klug wie sie ist, wusste keine Antwort darauf.

Ich erhielt meine Antwort in der folgenden Nacht, als ich durch einen Ton aus dem Schlaf gerissen wurde, mich aufsetzte und die einsame Stimme des Nebelhorns von Santa Monica wieder und wieder und wieder rufen hörte.

Natürlich!, dachte ich. Der Dinosaurier hat das Nebelhorn des Leuchtturms gehört und dachte, ein anderer Saurier aus ferner Vergangenheit sei erwacht und riefe. In der Hoffnung auf eine liebende Vereinigung schwamm er hinüber, entdeckte, dass es sich nur um ein Nebelhorn handelte und starb an gebrochenem Herzen gleich hier am Strand.

Ich sprang aus dem Bett, schrieb die Geschichte nieder und schickte sie in derselben Woche an die *Saturday Evening Post*, wo sie kurz darauf unter dem Titel *The Beast from 20.000 Fathoms* erschien. Diese Story wurde zwei Jahre später unter dem Titel *Das Nebelhorn* verfilmt.

Die Story geriet 1953 John Huston in die Hände, der mich prompt anrief und fragte, ob ich das Drehbuch zu seinem Film *Moby Dick* schreiben würde. Ich sagte ja und wechselte so von einem Tier zum nächsten.

Durch die Beschäftigung mit Moby Dick vertiefte ich mich erneut in das Leben Melvilles und Jules Vernes und verglich ihre verrückten Kapitäne in einem Essay, der als Einführung zu einer Neuübersetzung von *20.000 Meilen unter dem Meer* erschien, was wiederum dafür sorgte, dass ich von den Veranstaltern der Weltausstellung in New York 1964 damit beauftragt wurde, das Konzept für die Gestaltung des gesamten obersten Stockwerks des US-Pavillons zu entwerfen.

Dieser Pavillon erregte die Aufmerksamkeit der Disney-Organisation, die mich daraufhin engagierte, ihr bei den Plänen für *Raumschiff Erde* zu helfen, einen Teil des Epcot Centers. In dieses eine Gebäude habe ich die Geschichte einer Menschheit gezwängt, die die Zeit vorwärts und rückwärts durchreist und dann kopfüber in unsere unberechenbare Zukunft im All hineintaucht.

Auch Dinosaurier kommen darin vor.

Allen meinen Aktivitäten, meiner ganzen Entwicklung, meinen neuen Aufträgen und neuen Interessen lag die besondere ursprüngliche Liebe zu diesen Urtieren zugrunde, die mich schon im Alter von fünf Jahren faszinierten und die ich noch mit zwanzig und neunundzwanzig und dreißig zutiefst schätzte.

Sehen Sie sich meine Geschichten an, Sie werden wahrscheinlich nur ein oder zwei finden, die mir tatsächlich passiert sind.

Ich habe den größten Teil meines Lebens verhindern können, Aufträge anzunehmen, die mich irgendwo hingeführt hätten, um Lokalkolorit, Einwohner, das Umfeld und das Gefühl für das Land »einzufangen«. Ich habe schon früh erkannt, dass meine Wahrnehmung eine indirekte ist, dass mein Unbewusstes das »Einfangen« für mich übernimmt und dass es Jahre dauern kann, bis irgendein brauchbarer Eindruck an die Oberfläche dringt.

Als junger Mann wohnte ich in einem Mietshaus im Chicano-Viertel in Los Angeles. Die meisten meiner Latino-Geschichten entstanden lange, nachdem ich dort ausgezogen war – mit einer schrecklichen Ausnahme. Im Jahr 1945 – der Zweite Weltkrieg war gerade vorüber – fragte mich ein Freund, ob ich ihn in seinem alten, klapprigen Ford V-8 nach Mexico City begleiten würde. Ich erinnerte ihn an den Fluch der Armut, mit dem die Umstände mich belegt hatten. Er konterte, nannte mich einen Feigling und fragte, warum ich nicht meinen Mut zusammennahm und die drei oder vier Geschichten, die ich in einer Schublade vergraben hatte, endlich rausschickte. Der Grund, warum ich sie weggepackt hatte: Sie waren bereits ein- oder zweimal von verschiedene Zeitschriften abgelehnt worden. Provoziert durch meinen Freund, staubte ich die Manuskripte ab und schickte sie unter dem Pseudonym William Elliott ab. Warum das Pseudonym? Weil ich fürchtete, dass irgendein Verleger aus Manhattan den Namen Bradbury auf einem Titel von

Weird Tales gesehen haben und nun gegen diesen »Schund-Autor« voreingenommen sein könnte.

In der zweiten Augustwoche versandte ich drei Geschichten an drei verschiedene Magazine. Am 20. August verkaufte ich eine Geschichte an *Charm*, am 21. verkaufte ich eine Geschichte an *Mademoiselle*, am 22. August, meinem fünfundzwanzigsten Geburtstag, verkaufte ich eine Geschichte an *Collier's*. Alles zusammen kam die Summe auf eintausend Dollar, was heute einem Scheck von etwa zehntausend Dollar entspricht.

Ich war reich. Oder so nahe dran, dass ich wie betäubt dasaß. Es war natürlich ein Wendepunkt in meinem Leben, und ich beeilte mich, den Verlegern der Magazine meinen wahren Namen zu enthüllen.

Alle drei Geschichten tauchten in Martha Foleys Liste *The Best American Short Stories of 1946* auf, und eine davon wurde in den *Prize Stories* von Herschel Brickells O. Henry Memorial Award des folgenden Jahres veröffentlicht.

Mit diesem Geld kam ich nach Mexico, nach Guanajuato und zu den Mumien in den Katakomben. Diese Erfahrung ging mir so nahe und entsetzte mich so sehr, dass ich es kaum erwarten konnte, aus Mexiko wegzukommen. Ich hatte Albträume, in denen ich starb und in den Katakomben neben diesen präparierten und verschnürten Leichen zurückbleiben musste. Um mich so schnell wie möglich von dem Grauen zu befreien, schrieb ich *Der Nächste in der Reihe*. Das war einer der wenigen Male, in denen eine Erfahrung ein unmittelbares Ergebnis hervorbrachte.

Genug von Mexiko. Was ist mit Irland?

In meinem Werk ist jede Art von irischen Geschichten zu finden, denn während meines sechsmonatigen Aufenthalts in Dublin erkannte ich, dass die meisten Iren, die ich kennenlernte, die verschiedensten Methoden hatten, mit dem Ungeheuer Realität zurechtzukommen. Man kann mit dem Kopf dagegen rennen, was eine schmerzhafte Angelegenheit ist. Man kann die Realität ein- und umkreisen, darin herumstochern, ein Tänzchen wagen, ein Liedchen erfinden, ein Märchen schreiben, ein bisschen darüber tratschen und den Flachmann auffüllen. All diese Möglichkeiten entsprechen einem Klischee über Irland, aber jedes entspricht in dem furchtbaren Wetter und dem Klima politischen Zusammenbruchs umso mehr der Wahrheit.

Ich lernte jeden Bettler in den Straßen Dublins kennen – die, die an der O'Connell-Brücke mit ihren knirschenden Pianolas eher Kaffee mahlen als Töne hervorbringen konnten, oder ein ganzer Stamm regendurchweichter Bettler, die ein einziges Baby teilten und untereinander ausliehen, sodass man es mal oben an der Grafton Street, mal neben dem Royal Hibernian Hotel und um Mitternacht am Fluss zu Gesicht bekam –, aber ich dachte nie daran, dass ich einmal über sie schreiben würde. Eines Nachts aber wachte ich mit dem Bedürfnis laut aufzuheulen und wütend zu schluchzen mit schrecklichen Ahnungen und verfolgt vom Flehen eines durch den Regen wandernden Geistes, der endlich Ruhe finden wollte, auf und brachte *McGillahees Baby* zu Papier. Ich besuchte ein paar abgebrannte Anwesen irischer Großgrundbesitzer, hörte Geschichten von Bränden, die nicht richtig gelangen und verfasste *Der entsetzliche Brand des großen Landhauses*.

Die Hymnen-Sprinter, eine andere irische Begegnung, schrieb sich Jahre später an einem verregneten Abend wie von selbst, als ich mich an die unzähligen Male erinnerte, die meine Frau und ich aus Dubliner Kinos gesprintet waren, Kinder und alte Leute links und rechts wegdrängten, um ja verschwunden zu sein, bevor die Nationalhymne anfing.

Aber wie hatte ich angefangen? Seit dem Jahr mit Mr. Electrico begann ich pro Tag ungefähr tausend Wörter zu schreiben. Zehn Jahre lang verfasste ich mindestens eine Kurzgeschichte pro Woche mit dem Gefühl, dass irgendwann der Tag kommen würde, an dem ich mir endlich nicht mehr selbst im Weg stehen und *es* geschehen würde.

Der Tag kam 1942, als ich *The Lake* schrieb. Nach zehn Jahren, in denen ich alles falsch gemacht hatte, war ganz plötzlich die richtige Idee, die richtige Szenerie, die richtigen Charaktere, der richtige Tag, die richtige Zeit für Kreativität da. Ich schrieb die Geschichte auf meiner Schreibmaschine, draußen auf dem Rasen. Nach einer Stunde war die Story fertig, meine Nackenhaare standen hoch und mir liefen die Tränen die Wangen herab. Ich wusste, ich hatte die erste richtig gute Kurzgeschichte meines Lebens geschrieben.

Zu Beginn meiner Karriere als Schriftsteller hielt ich mich jahrelang an den folgenden Zeitplan: Montagmorgen entwarf ich die erste Fassung einer neuen Kurzgeschichte. Dienstags schrieb ich die zweite Fassung. Mittwochs eine dritte. Donnerstags eine vierte. Freitags die fünfte. Und am Samstagmittag schickte ich die sechste und letzte Fassung nach New York. Sonntags? Da dachte ich über all die verrückten Ideen nach, die um meine Aufmerksamkeit bettelten, hinter der Tür zum Dachboden warteten und durch *The Lake* zuversichtlich waren, dass ich sie schließlich doch hinauslassen würde.

Falls sich das alles sehr mechanisch anhört – das war es nicht. Es waren doch meine Ideen, die mich dazu trieben! Je mehr ich schrieb, umso stärker wurde mein Bedürfnis zu schreiben. Man wird unersättlich. Man wird fiebrig. Man kann nicht mehr schlafen, man wälzt sich herum, weil die Kreaturen der Fantasie hinaus und ins Leben wollen. Ein großartiges Leben!

Es gab noch einen weiteren Grund, so viel zu schreiben: Von den Pulp-Magazinen bekam ich für jede Story zwanzig bis vierzig Dollar. Ich führte zwar kein sehr aufwändiges Leben, aber ich musste wenigstens eine, besser zwei Geschichten pro Monat verkaufen, um mein Hot-Dog-Hamburger-Straßenbahn-Ticket-Dasein zu finanzieren.

1944 verkaufte ich gut vierzig Storys, aber mein Einkommen in diesem Jahr betrug nur 800 Dollar.

Mir fällt plötzlich auf, dass sich zu meinen gesammelten Kurzgeschichten noch eine Menge sagen lässt. Gerade *Das schwarze Riesenrad* ist ein interessantes Beispiel, weil sich die Geschichte im frühen Herbst vor dreiundzwanzig Jahren von einer Story in ein Drehbuch verwandelte und von dort zu einem Roman, *Das Böse kommt auf leisen Sohlen*, wurde.

Der Tag, an dem der große Regen kam war das Ergebnis einer weiteren Wortassoziation, die mir eines Nachmittags in den Sinn kam, als ich über Hitze, Wüsten und Harfen, die das Wetter beeinflussen konnten, nachdachte.

The Leave-Taking ist die wahre Geschichte meiner Urgroßmutter, die noch bis weit in ihren Siebzigern Schindeln auf Dächer nagelte, dann eines Tages, als ich gerade drei Jahre alt war, einfach nach oben ins Bett ging, allen Lebewohl sagte und entschlief.

Calling Mexico entstand, nachdem ich im Sommer 1946 einen Freund besucht hatte, der mir, als ich das Zimmer betrat, den Telefonhörer reichte und sagte: Hör zu. Ich lauschte und hörte die Geräusche Mexico Citys aus zweitausend Meilen Entfernung an mein Ohr dringen. Wieder zu Hause schrieb ich einem Freund in Paris von meinem Telefonerlebnis, dabei verwandelte sich der Brief in eine Kurzgeschichte, die noch am gleichen Tag in die Post wanderte.

The Picasso Summer war das Ergebnis eines Strandspaziergangs mit Freunden und meiner Frau an einem späten Nachmittag. Ich hob einen Eisstiel auf, malte Bilder in den Sand und sagte plötzlich: »Wäre es nicht fantastisch, wenn man, nachdem man sein ganzes Leben lang einen echten Picasso besitzen wollte, plötzlich hier auf einen stoßen würde ... während man mythologische Kreaturen in den Sand zeichnet und sich der ganz eigene Picasso direkt vor den Augen herausarbeitet?«

Ich beendete die Geschichte über den Picasso am Strand um zwei Uhr in der Frühe.

Hemingway. *Papas Papagei*. Eines Abends im Jahr 1952 fuhr ich mit Freunden durch Los Angeles, um in der Druckerei einzufallen, wo *Life* ihre Ausgabe produzieren ließ, in der Hemingways *Der alte Mann und das Meer* erschien. Wir schnappten uns Exemplare direkt aus der Maschine, setzten uns in eine Bar in der Nähe und redeten über Papa, Finca Vigía, Kuba und irgendwann auch über einen Papagei, der in dieser Bar lebte und jeden Abend mit Hemingway sprach. Ich ging nach Hause, notierte mir einen Vermerk über diesen Papagei und legte die Notiz für die nächsten sechzehn Jahre beiseite. Als ich 1968 meine Ordner durchsah, fiel mir allein durch die Notiz ein Titel ein: *Papas Papagei*.

Mein Gott, dachte ich, Papa ist seit acht Jahren tot. Wenn dieser Papagei noch am Leben wäre, sich an Hemingway erinnerte und mit seiner Stimme sprechen könnte, dann ist er Millionen wert! Und was wäre, wenn jemand den Papagei kidnappte und Lösegeld verlangte?

Der Spuk im neuen Haus entstand, als John Godley, Lord Kilbracken, mir aus Irland seinen Besuch in einem Haus beschrieb, das niedergebrannt und Stein für Stein, Ziegel für Ziegel originalgetreu nachgebaut worden war. Nur einen halben Tag, nachdem ich Kilbrackens Postkarte gelesen hatte, war die erste Fassung der Geschichte fertig.

Genug jetzt. Da haben Sie es: Einhundert Geschichten aus beinahe vierzig Jahren meines Lebens. Sie enthalten zur Hälfte die erdrückenden Wahrheiten, die mir um Mitternacht in den Sinn kamen, zur anderen Hälfte die rettenden Wahrheiten, die ich am nächsten Mittag entdeckte. Wenn man irgendetwas daraus ableiten kann, ist es schlicht dies: Die aufsteigende Daseinskurve eines Menschen, der irgendwo anfing – und losmarschiert ist. Ich habe mein Leben weniger mit Theorie, als mit Taten verbracht, wodurch ich oft erst hinterher entdeckte, was *es* und wer *ich* war. Jede Geschichte war eine Methode, ein neues Ich zu finden. Und jedes Ich sah die Dinge jeden Tag etwas anders als vierundzwanzig Stunden zuvor.

Alles begann an jenem Herbsttag, an dem Mr. Electrico mir seine zwei Geschenke machte. Ich weiß nicht, ob ich an vorherige Leben glauben kann, ich bin nicht sicher, ob ich ewig lebe. Aber dieser Junge von damals glaubte an beides, und ich ließ ihm seinen Glauben. Er hat die Bücher und Geschichten für mich geschrieben. Er spielt mit der Ouija-Tafel und sagt Ja oder Nein zu verschütteten Wahrheiten oder Halbwahrheiten. Er ist die Haut, durch die mittels Osmose alles dringt und sich zu Papier bringt. Ich habe seinen Leidenschaften, seinen Ängsten, seinen Freuden vertraut, und er hat mich nur selten enttäuscht. Wenn in meiner Seele langer, feuchter November herrscht, weiß ich, dass es höchste Zeit ist, zu diesem Jungen mit seinen Tennisschuhen, seiner irrationalen Begeisterung, seinen unendlichen Freuden und den schrecklichen Albträumen zurückzukehren. Ich bin mir nicht sicher, wo er endet und ich anfange. Aber ich bin stolz auf dieses Zweierteam. Was kann ich noch tun, außer ihm alles Gute zu wünschen und gleichzeitig zwei weiteren Menschen meinen Dank und meine besten Wünsche zu übermitteln? Im selben Monat, in dem ich meine Frau Marguerite heiratete, tat ich mich mit meinem Literaturagenten und nun engsten Freund Don Congdon zusammen. Maggie tippte und kritisierte meine Geschichten, Don kritisierte und verkaufte die Ergebnisse. Mit diesen beiden als Team-Mitgliedern in den letzten dreiunddreißig Jahren – wie hätte ich da scheitern können? Wir sind die Connemara Lightfoots, die Queen's Own Invaders. Und wir sprinten noch immer auf den Ausgang zu.

1980

Das Groschengrab:
Fahrenheit 451

Rice Burroughs geschrieben und dazwischen Melville und seinen wahnsinnigen Kapitän mit Jules Verne und seinem gleichermaßen besessenen Seemann verglichen. Ich habe Verse über Bibliothekare geschrieben und bin mit meinen Lieblingsautoren nächtelang redend und trinkend, trinkend und plaudernd im Nachtzug durch die kontinentale Wildnis gefahren. Ich warnte Melville einmal in einem Gedicht, sich vom Land fernzuhalten (das war nie seine Sache!), und verwandelte Bernard Shaw in einen Roboter, den ich bequem in eine Rakete unterbringen und auf der langen Reise nach Alpha Centauri erwecken konnte, um entzückt seinen Worten zu lauschen. Ich habe eine Geschichte über eine Zeitmaschine geschrieben, mit der ich in der Zeit zurücksauste, um mich ans Sterbebett von Wilde, Melville und Poe zu setzen, ihnen von meiner Verehrung zu erzählen und in ihrer letzten Stunde die Knochen zu wärmen … Aber genug. Wie Sie sehen, bin ich ein Verrückter, wenn es um Bücher, Schriftsteller und die großartigen Speicher geht, in denen ihr scharfer Verstand lagert.

Kürzlich rief ich mit der Hilfe des Studio Theatre Playhouse in Los Angeles meine Figuren aus *Fahrenheit* aus ihrem Schattendasein heraus zurück in die Gegenwart. Was gibt's Neues, fragte ich Montag, Clarisse, Faber, Beatty, seit wir uns das letzte Mal gesehen haben?

Ich fragte. *Sie* antworteten.

Sie schrieben neue Szenen, enthüllten seltsame Eigenarten in ihren bisher noch unerforschten Seelen und Träumen. Daraus entstand ein Zwei-Akter, der mit gutem Ergebnis aufgeführt wurde und allgemein gute Kritiken bekam.

Beatty wagte sich am weitesten hervor, um meine Fragen zu beantworten. Wie hat alles begonnen? Wieso hast du dich dafür entschieden, Feuerwehrhauptmann, Bücherverbrenner zu werden? Beatty gibt seine überraschende Antwort in einer Szene, in der er unseren Helden Guy Montag in seine Wohnung einlässt. Als Montag eintritt, sieht er mit ungläubigem Staunen die Tausend und Abertausend Bücher, die in den Regalen von Beattys verborgener Bibliothek stehen! Montag wendet sich um und schreit seinen Vorgesetzten an: »Aber Sie sind der Feuerwehrhauptmann! Sie dürfen doch gar keine Bücher besitzen!«

Worauf der Hauptmann mit einem feinen Lächeln erwidert: »Nicht der Besitz von Büchern ist ein Verbrechen, Montag, nur das Lesen! Ja, es ist richtig, ich besitze Bücher, aber ich lese sie nicht!« Montag wartet schockiert auf eine Erklärung.

»Sehen Sie denn die Schönheit nicht, die darin liegt, Montag? Ich lese sie nicht. Nicht ein einziges Buch, kein einziges Kapitel, keine einzige Seite, keinen einzigen Absatz. Das *ist* Ironie, nicht wahr? Tausende von Büchern zu besitzen und nicht eines aufzuschlagen, ihnen den Rücken zu kehren und Nein zu sagen. Es ist, als hätte man ein Haus voller wunderschöner Frauen, ohne eine einzige … zu berühren. Nein, ich bin keineswegs ein Krimineller. Wenn Sie mich jemals dabei ertappen zu lesen, ja, dann sperren Sie mich ein! Aber diese Wohnung ist so rein wie das crèmeweiße sommernächtliche Schlafzimmer einer zwölfjährigen Jungfrau. Diese Bücher sterben auf ihren Regalen. Warum? Weil ich es so will. Ich sorge nicht für ihr leibliches Wohl, gebe ihnen weder mit Hand, noch Auge, noch Zunge Hoffnung. Sie sind nicht besser als Staub.«

Montag protestiert. »Ich verstehe nicht, wieso Sie nicht …«

»Verführt werden?«, ruft der Hauptmann. »Oh, das ist lange her. Der Apfel ist längst gegessen und verdaut. Die Schlange ist wieder auf ihren Baum zurückgekehrt. Der Garten ist überwuchert und verfallen.«

»Damals …« Montag zögert und fährt dann fort. »Damals müssen Sie Bücher sehr geliebt haben.«

»Touché!«, erwidert der Hauptmann. »Durch und durch. Unter die Gürtellinie. An die Kinnspitze. Mitten durchs Herz. Bis in die Eingeweide. Oh, sehen Sie mich an, Montag. Den Mann, der die Bücher liebte, nein, den Jungen, der verrückt nach ihnen war, krank, der die Bücherstapel wie ein wildgewordener, verliebter Schimpanse erklomm.

Ich verzehrte sie wie Salat, Bücher waren meine Pausenbrote, mein Mittagsmahl, mein Abendessen und meine Mitternachtssuppe. Ich riss die Seiten heraus, aß sie mit Salz, tunkte sie in Relish, nagte an der Bindung, ließ mir die Kapitel auf der Zunge zergehen. Bücher im Dutzend, zu zwanzig Stück, zu Hunderten. Ich schleppte so viele nach Hause, dass ich jahrelang krumm ging. Philosophie, Kunstgeschichte, Politik, Sozialwissenschaften, Poesie, Essays, grandiose Stücke – nennen Sie, was Sie wollen, ich habe sie verschlungen. Und dann … und dann …« Die Stimme des Hauptmanns verebbt.

Montag hakt nach: »Und dann?«

»Nun ja, wie das Leben so ist.« Der Hauptmann schließt die Augen. »Das Leben. Wie gewöhnlich. Immer dasselbe. Die Liebe, die doch nicht so die richtige war, der Traum, der ausgeträumt ist, der Sex, der langweilig wird, der Tod, der zu rasch zu Freunden kommt, die es nicht verdienen, der Mord an diesem oder jenem, die geistige Umnachtung eines nahe stehenden Menschen, das langsame Sterben einer Mutter, der unerwartete Selbstmord eines Vaters – eine Elefantenstampede, der Angriff einer Seuche. Und nirgendwo, nirgendwo das richtige Buch zur richtigen Zeit, um den brechenden Damm, der die Sintflut zurückhalten könnte, zu flicken, keine Metapher, um sie zu verschenken oder anzunehmen, keinen Vergleich zu finden oder zu verwerfen. Und zum Ende des dreißigsten, an der Schwelle zum einunddreißigsten Lebensjahr, rappelte ich mich auf, sammelte jeden gebrochenen Knochen, jeden Zentimeter abgeschürften, geprellten oder vernarbten Fleisches zusammen. Ich sah in den Spiegel und erblickte einen alten verlorenen Mann hinter dem verängstigten Gesicht eines jungen Mannes, sah Hass auf alles und jeden, und ich verfluchte es und schlug die Bücher in meiner herrlichen Bibliothek auf und fand was, was, was?!«

Montag rät: »Die Seiten waren leer?«

»Volltreffer! Weiß! Oh, die Worte waren natürlich da, aber sie liefen über meine Augen wie heißes Öl, bedeuteten nichts. Konnten keine Hilfe, keinen Trost, keinen Frieden, keinen Hafen, keine wahre Liebe, kein Bett, kein Licht bieten.«

Montag denkt zurück. »Vor dreißig Jahren …. die letzten Bibliotheksverbrennungen …«

»Ins Schwarze.« Beatty nickt. »Und da ich keinen Job hatte, ein gescheiterter Romantiker oder was auch immer war, bewarb ich mich als Feuerwehrmann im höchsten Rang. Der Erste auf der Treppe, der Erste in der Bibliothek, der Erste im Glutofen-Herzen seiner ewig-entflammten Landsleute, überschüttet mich mit Kerosin, reicht mir meine Fackel!

Ende der Vorlesung. Verschwinden Sie, Montag. Raus, durch die Tür.«

Montag geht, neugieriger als je zuvor auf Bücher und bereits auf dem Weg, ein Abtrünniger zu werden, der bald verfolgt und beinahe durch den mechanischen Hund – mein Roboterklon von A. Conan Doyles großartigem Hund von Baskerville – vernichtet wird.

In meinem Stück fällt Faber, der alte Lehrer, der mit Hilfe einer Funkmuschel im Ohr die ganze Nacht zu Montag spricht, dem Hauptmann zum Opfer. Wie? Beatty, der vermutet, dass

Montag durch ein geheimes Gerät instruiert wird, schlägt es ihm aus dem Ohr und brüllt den weit entfernten Lehrer an: »Wir kommen, um dich zu holen! Wir sind schon an der Tür! Wir sind auf der Treppe! Jetzt haben wir dich!«

Was Faber so entsetzt, dass sein Herz versagt und ihn umbringt.

Alles gutes Material. Verführerisch, sogar heute noch. Ich habe mit mir kämpfen müssen, es nicht noch in den Roman zu packen.

Und schließlich Clarisse, zu deren Verschwinden mir viele Leser Protestbriefe schrieben, weil sie wissen wollten, was mit ihr geschehen war. François Truffaut trieb dieselbe Neugier, und er rettete sie vor dem Vergessen in seiner Filmversion meines Romans, indem er sie zu den Büchermenschen schickte, die durch den Wald wandern und aus ihrer Erinnerung Bücher rezitieren. Auch ich hatte das Bedürfnis, sie zu retten, denn schließlich war sie es, die in vieler Hinsicht dafür verantwortlich war, dass Montag sich für Bücher und deren Inhalt zu interessieren begann. Daher taucht Clarisse in meinem Stück wieder auf, um Montag willkommen zu heißen, und verschafft dem eigentlich sehr düsteren Inhalt ein etwas glücklicheres Ende.

Der Roman dagegen bleibt seinem ursprünglichen Gehalt treu. Ich halte nichts davon, am Stoff eines jungen Autors herumzupfuschen, schon gar nicht, wenn es sich bei diesem jungen Autor um mich handelte. Montag, Beatty, Mildred, Faber und Clarisse stehen, gehen und verschwinden genauso, wie sie es vor zweiunddreißig Jahren getan haben, als ich sie für zehn Cent pro halbe Stunde im Keller der UCLA-Bibliothek zu Papier brachte. Ich habe keinen einzigen Gedanken, kein Wort verändert.

Eine letzte Entdeckung. Ich schreibe alle Geschichten und Romane, wie Sie bemerkt haben werden, in einem wunderbaren Glücksrausch. Erst vor Kurzem, als ich das Buch zur Hand nahm, stellte ich fest, dass Montag nach einem Papierhersteller benannt ist. Und Faber ist natürlich ein Hersteller von Schreibgeräten! Wie gerissen von meinem Unbewussten, ihnen diese Namen zu geben.

Und es mir nicht zu verraten!

Diesseits von Byzanz: Löwenzahnwein

Löwenzahnwein war, wie die meisten
meiner Bücher und Geschichten,
eine Überraschung.

Gott sei Dank begann ich schon sehr früh, die Natur solcher Überraschungen zu begreifen. Vorher glaubte ich wie jeder Anfänger, dass man eine Idee ins Leben drängen, boxen und prügeln kann. Bei solcher Behandlung faltet selbstverständlich jede Idee die Pfoten zusammen, dreht sich auf den Rücken, richtet den Blick in die Ewigkeit und stirbt.

Es war eine große Erleichterung, als ich mit etwa zwanzig Jahren den Wort-Assoziationsprozess entdeckte, jeden Morgen aufstand, zu meinem Schreibtisch ging und jedes Wort oder jede Wörterkette niederschrieb, die ich gerade in meinem Kopf fand.

Dann rüstete ich mich gegen – oder besser *für* – ein Wort, indem ich aus einer Kollektion Figuren herbeirief, um das Wort zu wägen und seine Bedeutung in meinem Leben zu begreifen. Ein oder zwei Stunden später war zu meinem Erstaunen eine neue Geschichte geschrieben und fertig. Die Überraschung war stets absolut und wundervoll. Bald wusste ich, dass ich den Rest meines Lebens nach dieser Methode arbeiten würde.

Zuerst durchstreifte ich mein Hirn nach Worten, die meine persönlichen Albträume, nächtlichen Ängste und die Ängste meiner Kindheit beschreiben konnten, und formte daraus eine Geschichte.

Dann starrte ich lange auf die grünen Apfelbäume und das alte Haus, in dem ich geboren worden war, und das Haus nebenan, in dem meine Großeltern wohnten, und auf alle Wiesen der Sommer, in denen ich groß geworden bin, und ich versuchte Worte dafür zu finden.

Wenn man es so sieht, ist *Löwenzahnwein* die Löwenzahnernte all dieser Jahre. Die Wein-Metapher, die auf diesen Seiten immer wieder auftaucht, passt perfekt. Während meines bisherigen Lebens hatte ich Bilder gesammelt, sie gespeichert und wieder vergessen. Nun musste ich dorthin zurückkehren, Worte als Katalysatoren benutzen, um mir die Erinnerungen zugänglich machen und zu sehen was sie zu bieten hatten.

Und so verging zwischen meinem vierundzwanzigsten und sechsunddreißigsten Lebensjahr kaum ein Tag, an dem ich nicht in der Erinnerung über die Felder meiner Großeltern in Nord-Illinois wanderte und darauf hoffte, einen alten, halb verbrannten Kracher, ein rostiges Spielzeug oder den Fetzen eines Briefes zu finden, den ich mir in jungen Jahren selbst geschrieben hatte, um die ältere Person, zu der ich werden würde, an ihre Vergangenheit, ihr Leben, ihre Leute, ihre Freuden und tränenreichen Kümmernisse zu erinnern.

Es wurde zu einem Spiel, dem ich mich mit Gusto widmete: herauszufinden, wieviel ich noch über Löwenzahn wusste, wie genau ich mich noch daran erinnern konnte, mit meinem Vater und meinem Bruder wilde Weintrauben gepflückt zu haben, die

Regentonne am Seitenerkerfenster mit ihren Mückenbrutstätten wiederzuentdecken oder den Geruch der goldbestäubten Bienen, die um unsere weinbewachsene Laube auf der rückwärtigen Veranda herumsummten. Denn Bienen, müssen Sie wissen, haben einen eigenen Geruch, falls nicht, dann sollten sie sich einen zulegen, denn ihre Beine sind bestäubt mit den Aromen von Millionen Blumen.

Und dann wollte ich mir in Erinnerung zurückrufen, wie die Schlucht meiner Kindheit gewesen war. Besonders wie sie an jenen Abenden gewesen war, an denen mein Bruder und ich nach Lon Chaneys köstlichem Horror *Das Phantom der Oper* durch die Stadt gingen und mein Bruder vorauslief, um sich, wie *Der Einsame*, unter der Brücke der Schlucht zu verstecken. Sobald ich die Brücke erreichte, sprang er hervor und packte mich kreischend, sodass ich losrannte, stürzte, weiterrannte und wir den ganzen Heimweg über lachten und herumalberten. Das war eine tolle Zeit.

Zwischendurch stieß ich durch meine Wort-Assoziationen auf alte und wahre Freundschaften. Ich lieh mir meinen Freund John Huff aus meiner Kindheit in Arizona aus und verfrachtete ihn in den Osten nach Green Town, sodass ich mich gebührend von ihm verabschieden konnte.

Zwischendurch setzte ich mich mit den längst Verstorbenen und Vielgeliebten zum Frühstück, Mittagessen und Abendbrot. Denn ich war ein Junge, der seine Eltern, Großeltern und seinen Bruder wirklich liebte, selbst wenn dieser Bruder ihn ärgerte.

Zwischendurch fand ich mich im Keller bei uns zu Hause wieder, wo ich die Weinpresse für meinen Vater bediente, oder auf der abendlichen Veranda zum Unabhängigkeitstag, wo ich meinem Onkel Bion half, seine selbstgemachte Messingkanone zu beladen und abzufeuern.

So stürzte ich kopfüber in Überraschungen. Übrigens hatte mir niemand gesagt, mich selbst zu überraschen. Ich kam durch Unbedarftheit und Experimentieren auf die alten bewährten Methoden des Schreibens und war ganz verblüfft, als die Wahrheiten aus den Büschen sprangen wie Jagdwild kurz vor dem Schuss. Ich stolperte in die Kreativität, blind wie ein Kind, das erst lernen muss zu sehen und zu gehen. Ich lernte darauf zu vertrauen, dass meine Sinne und meine Vergangenheit mir all das sagen würden, was für mich wahr war.

Ich wurde wieder zu einem Jungen, der rannte, um mit einer Schöpfkelle frisches Regenwasser aus der Tonne neben dem Haus zu holen. Und je mehr Wasser man herausholt, umso mehr läuft nach. Es ist niemals versiegt. Nachdem ich gelernt hatte, wieder und wieder in die alten Zeiten zurückzugehen, hatte ich jede Menge Erinnerungen und Sinneseindrücke, mit denen ich spielen, nicht arbeiten, sondern *spielen* konnte. *Löwenzahnwein* ist daher vor allem der im Mann verborgene Junge, der auf Gottes Fluren, im grünen Gras vergangener Augustmonate, spielte und und kurz vor dem Erwachsenwerden die Finsternis spürte, die unter den Bäumen lauerte und darauf wartete, Blut zu vergießen.

Amüsiert las ich vor ein paar Jahren den Artikel eines Kritikers, der *Löwenzahnwein* und die realistischeren Arbeiten von Sinclair Lewis analysierte und sich fragte, wie ich in Waukegan – das ich in meinem Roman in Green Town umgetauft hatte – geboren und aufgewachsen sein konnte, ohne zu bemerken, wie hässlich und deprimierend die Kohlelager und die Bahnstrecken am Stadtrand seien.

Natürlich war mir das aufgefallen, und als geborener Zauberer war ich fasziniert von ihrer Schönheit. Züge und Güterwagen und der Geruch von Kohle sind für Kinder nicht hässlich. Hässlichkeit ist ein eine Vorstellung, auf die wir erst später stoßen. Güterwagen zu zählen macht den meisten Jungen Spaß. Während die Eltern vor den Schranken stehen und über die langen Züge, die sie aufhalten, zetern und schimpfen, sind die Jungen glücklich und schreien die Aufschriften der Wagen heraus, die aus fernen Städten an ihnen vorbeirauschen.

Schließlich waren es diese angeblich hässlichen Bahnhöfe, auf denen die Jahrmärkte und Zirkusse ankamen, mit den Elefanten, die um fünf Uhr in der Früh das Kopfsteinpflaster mit dampfenden, scharfem Strahl bespritzten.

Was die Kohle angeht, so ging ich jeden Herbst hinunter in meinen Keller, um auf die Ankunft des Lastwagens zu warten, dessen eiserne Schütte mit lautem Getöse herabgelassen wurde. Kurz darauf stürzte eine Tonne wundersamer Meteore auf mich herab, als wolle das ferne All mich unter seinen schwarzen Schätzen begraben.

Mit anderen Worten: Wenn der Junge ein Poet ist, kann Pferdemist für ihn nur Blumen bedeuten – womit Pferdemist natürlich schon immer zu tun hatte.

Vielleicht kann ein neues Gedicht von mir besser als diese Einleitung erklären, wie all diese Sommer meines Lebens in einem einzigen Buch haben keimen können.

Hier der Anfang des Gedichts:

Byzanz ist nicht, woher ich komm',
Aus andrem Ort und andrer Zeit.
Die Rasse schlicht, bewährt und wahr;
Als Kind
lebt' ich im Staate Illinois.
Der Name lieb- und würdelos
war Waukegan, dort komm ich her.
Und nicht, mein Freund, Byzanz.

Anschließend beschreibt das Gedicht meine lebenslange Beziehung zu meinem Geburtsort:

Doch schau ich zurück in meine Zeit,
vom höchsten Baum, den Blick ganz weit,
seh ich ein Land, so schön und klar,
wie Yeats das seine immer war.

Waukegan, in dem ich seit meiner Kindheit oft gewesen bin, ist weder heimeliger noch schöner als jede andere Kleinstadt im Mittelwesten. Sie hat jedoch viel Grün. Die Bäume rechts und links treffen tatsächlich in der Mitte über der Straße zusammen. Die Straße vor meinem alten Haus ist immer noch mit roten Ziegelsteinen gepflastert. Was war also an dieser Stadt so Besonderes? Nun, dass ich dort geboren wurde. Sie bedeutete mein Leben. Ich musste über sie schreiben, wie ich sie sah:

Wir wuchsen auf mit Mythen-Toten,
verzehrten sie auf unsere Broten,
der alten Götter Marmeladen
ließen wir auf Erdnussbutter baden
und gaben vor in Träumerei
dies Aphrodites Schenkel sei ...
Und Großvater vor seinem Haus
sprach goldene, weise Worte aus.
Was er – der wahre Mythos – sprach,
stand Platos Worten in nichts nach.
Im Schaukelstuhl die Großmama
säumte den Stoff, der aus Liebe war,
häkelte Flöckchen, kühle Pracht,
zu wärmen uns in Sommernacht.

Der Onkeln Tabakrauch gebar
scherzhaftes Plaudern, das Weisheit war,
und weise Tanten, orakelhaft,
schenkten aus der Propheten Saft
den Jungen, die wie Akolyten
am Sommerabend draußen knieten,
und die danach im Bette lagen,
bereuend, sie, der Unschuld Taten.
Und die Mücken sirrten leise,
sangen, nächtens, ihre Weise,
nicht Illinois, Waukegan nicht,
nur heit'rer Himmel voller Licht.
Obwohl unser Schicksal von schlichter Substanz
Und niemand erreichte die Yeats'sche Brillanz,
wussten wir doch, wer wir war'n – die Essenz?
Byzanz.
Byzanz.

Waukegan/Green Town/Byzanz.

Also hat Green Town *doch* existiert?

Ja, und nochmals ja.

Gab es wirklich einen Jungen, der John Huff hiess?

Es gab ihn. Und er hieß auch tatsächlich so. Aber nicht er verließ mich – ich verließ *ihn*. Trotzdem – Happyend – er ist zweiundvierzig Jahre später noch immer quicklebendig und erinnert sich an unsere Liebe.

Der Einsame, gab es den?

Es gab einen, und er wurde tatsächlich so genannt. Er wanderte des Nachts durch meinen Heimatort, als ich sechs Jahre alt war. Er machte jedermann Angst und wurde niemals gefasst.

Die wichtigste Frage, ob das große Haus mit Grandpa und Grandma, den Pensionsgästen und Onkeln und Tanten existiert hat? Nun, das habe ich bereits beantwortet.

Gab es die Schlucht wirklich, war sie tatsächlich so tief und nachts so dunkel? So war sie, so *ist* sie.

Vor ein paar Jahren nahm ich meine Töchter mit dorthin, voller Sorge, dass die Schlucht im Laufe der Zeit aus irgendeinem Grund weniger tief geworden sein könnte. Ich bin erleichtert und froh, berichten zu können, dass sie tiefer, finsterer und unheimlicher ist, als je zuvor. Ich würde auch heute nicht nach einem Kinoabend mit dem *Phantom der Oper* dort entlang nach Hause gehen.

So, nun wissen Sie es. Waukegan war Green Town war Byzanz. Mit all der Freude, die dazugehört, mit all der Trauer, die darin enthalten ist. Die Menschen dort waren Zwerge und Götter und erkannten, dass sie sterblich sind, und darum gingen die Zwerge aufrecht, um die Götter nicht zu beschämen, und die Götter duckten sich, damit die Kleinen sich in ihrer Gegenwart wohl fühlten. Und ist es nicht das, worum es im Leben in Wahrheit geht? Um die Fähigkeit, sich jemandem zu nähern, in seinen Kopf einzudringen, von dort aus das ganze verdammte, idiotische Wunder zu betrachten und festzustellen: Oh, so siehst du das also? Gut, das muss ich mir unbedingt merken.

Dies also ist meine Ehrung an den Tod wie an das Leben, an das Dunkel wie an das Licht, an Alte wie Junge, Klugheit und Dummheit zugleich, an die pure Freude wie an den unendlichen Schrecken. Geschrieben hat das ein Junge, der einst in seinem Fledermauskostüm und mit langen Zuckerzähnen im Mund kopfüber im Baum hing und mit zwölf Jahren schließlich hinunterfiel, eine Spielzeugschreibmaschine entdeckte und seinen ersten »Roman« schrieb.

Eine letzte Erinnerung.

Feuerballons.

Heute sieht man sie selten, obwohl sie, wie ich gehört habe, in manchen Ländern noch immer hergestellt und mit kleinen Strohfeuern betrieben werden.

Aber 1925 gab es sie in Illinois noch häufig, und eine der letzten Erinnerungen an meinen Großvater ist die, wie Grandpa und ich vor achtundvierzig Jahren in der letzten Stunde des Abends des 4. Juli hinaus auf den Rasen gingen, ein kleines Feuer entzündeten und den birnenförmigen, rot-weiß-blau-gestreiften Ballon mit heißer Luft füllten. Wir standen mit der flackernden, engelsgleich leuchtenden Konstruktion in den Händen einen letzten Moment vor der Veranda, auf der Onkel, Tanten, Vettern, Cousinen, Vater und Mutter zusahen, und ließen den Ballon, der Leben und Licht und Mysterium war, schließlich sanft in die Sommerluft steigen, wo er über die Häuser schwebte, die zu schlafen begannen, und zu den Sternen, die so wundersam, so verletzlich und so schön wie das Leben selbst waren.

Ich sehe noch meinen Großvater, wie er hinaufblickte zu dem seltsamen, schwebenden Licht, tief versunken in seine ganz eigenen Gedanken. Ich sehe mich, Tränen in den Augen, weil nun alles vorbei war, die Nacht zu Ende ging und ich wusste, dass es keine zweite Nacht wie diese geben würde.

Niemand sagte etwas. Wir blickten alle nur hinauf in den Himmel, atmeten ein und aus und dachten alle dasselbe, aber niemand sprach es aus. Aber jemand musste es schließlich sagen, oder? Und dieser Jemand bin ich.

Der Wein lagert noch immer unten in den Kellern.

Meine geliebte Familie sitzt noch immer auf der dunklen Veranda.

Der Ballon schwebt und brennt noch immer am Nachthimmel dieses noch nicht begrabenen Sommers.
Warum und wie?
Weil ich sage, dass es so ist.

1974

Der lange Weg zum Mars

Wie bin ich von Waukegan, Illinois, zum Roten Planeten, dem Mars, gekommen?

Zwei Männer könnten es Ihnen vielleicht sagen. Ihre Namen stehen in der Widmung der 40-Jahre-Jubiläumsausgabe der *Mars-Chroniken*.

Denn es waren mein Freund Norman Corwin, der mir zuerst zuhörte, als ich meine Geschichten vom Mars erzählte, und mein künftiger Herausgeber Walter I. Bradbury (nicht verwandt), der erkannte, was ich wollte – obwohl ich selbst noch keine Ahnung hatte –, und mich überredete, einen Roman zu beenden, von dem ich nicht einmal wusste, dass ich ihn geschrieben hatte.

Wie ich auf diesen Frühlingsabend 1949 zusteuerte, an dem Walter Bradbury mich mit mir selbst überraschte, ist ein Labyrinth von Was-wäre-gewesen-wenns.

Was wäre gewesen, wenn ich nicht zufällig mit neunzehn Norman Corwins Radio-Dramen gehört und mich in sie verliebt hätte?

Was, wenn ich Corwin, der ein Freund fürs Leben wurde, niemals meine erste Kurzgeschichtensammlung geschickt hätte?

Und was, wenn ich nicht auf seinen Rat gehört hätte, im Juni 1949 nach New York zu gehen?

Dann – so einfach ist das – wären die Mars-Chroniken wahrscheinlich niemals entstanden.

Aber Corwin drängte darauf, dass ich in den Verlagen Manhattans präsent sein sollte, und versprach, dass er und seine Frau Katie mich in der Großen Stadt einführen und ein Auge auf mich haben würden. Seiner Überzeugungskraft war es zu verdanken, dass ich meine schwangere Frau in Los Angeles zurückließ, mich in einen Greyhoundbus setzte und vier lange Tage und Nächte in einen großen Schwammpilz verwandelte, während ich mit vierzig Dollar auf der Bank quer durchs Land in Richtung YMCA (5 $ die Woche) in der 42. Street fuhr.

Die Corwins hielten ihr Versprechen, führten mich herum und stellten mich einer Anzahl von Lektoren vor, die gleich als erstes fragten: »Haben Sie einen Roman dabei?«

Ich gestand, dass ich ein Kurzstreckenläufer war und nur rund fünfzig Kurzgeschichten plus einer altertümlichen, klapprigen Reiseschreibmaschine mitgebracht hatte. Ob sie nicht dringend fünzig ausgesprochen einfallsreiche, größtenteils brillante Kurzgeschichten bräuchten? Sie brauchten keine.

Was uns zu dem letzten wichtigstens Was-wäre-gewesen-wenn führt.

Was wäre gewesen, wenn ich nicht mit dem letzten Lektor, den ich kennenlernte, Walter I. Bradbury von Doubleday, essen gegangen wäre und er mir nicht die gleiche deprimierende Frage gestellt hätte: »Steckt irgendwo in Ihnen ein Roman?« Worauf er sich anhören musste, wie ich jeden Morgen zum Frühstück auf eine Idee von der Kraft einer Landmine trat, daraufhin explodierte, die Stücke einsammelte und wieder zusammensetzte, damit sie bis zum Mittagessen abgekühlt waren.

Walter Bradbury schüttelte den Kopf, aß sein Dessert auf, dachte einen Moment nach und sagte dann:

»Ich glaube, Sie haben bereits einen Roman geschrieben.«

»Wie bitte?«, fragte ich. »Wann denn?«

»Was ist denn mit all diesen Mars-Geschichten, die Sie in den vergangenen Jahren veröffentlicht haben?", entgegnete Brad. »Steckt da etwa kein roter Faden drin? Könnten Sie sie nicht zusammennähen und eine Art von Wandteppich daraus machen, eine Art entfernter Vetter eines Romans?«

»Mein Gott!«, rief ich.

»Ja?«

»Mein Gott«, sagte ich. »1944 war ich so beeindruckt von Sherwood Andersons *Winesburg, Ohio*, dass ich mir sagte, ich müsste unbedingt versuchen etwas Ähnliches zu schreiben, mindestens halb so gut und es auf dem Mars ansiedeln. Ich habe ein paar Charakterentwürfe und Ereignisse skizziert, aber schon bald irgendwo in meinen Unterlagen vergraben.«

»Sieht aus, als hätten wir es«, bemerkte Brad.

»Ernsthaft?«

»Ernsthaft«, sagte er. »Gehen Sie zurück zum YMCA und tippen Sie mir einen Entwurf dieser zwei oder drei Dutzend Marsgeschichten. Bringen Sie es mir morgen rein. Wenn mir gefällt, was ich lese, bekommen Sie einen Vertrag und einen Vorschuss.«

Don Congdon, mein bester Freund und Agent, der mir gegenüber saß, nickte.

»Ich bin um zwölf Uhr in Ihrem Büro!«, sagte ich zu Brad.

Um zu feiern, bestellte ich ein zweites Dessert. Brad und Don ließen sich ein Bier kommen.

Es war eine typische, heiße Sommernacht in New York. Klimaanlagen waren damals noch ein Luxus der Zukunft. Ich tippte schwitzend, nur in meiner Unterwäsche, bis drei Uhr morgens, bis ich meine Marsianer in ihren seltsamen Städten vor Ankunft und Abflug meiner Astronauten austariert und platziert hatte.

Mittags lieferte ich, erschöpft, aber in Hochstimmung, Walter I. Bradbury mein Exposé ab.

»Sie haben's geschafft!«, sagte er. »Sie bekommen morgen Ihren Vertrag und einen Scheck.«

Ich muss vor Freude ziemlich viel Lärm gemacht haben. Als ich mich beruhigt hatte, fragte ich ihn, was mit meinen anderen Geschichten wäre.

»Nun, jetzt wo wir Ihren ersten Roman herausgeben«, sagte Brad, »könnten wir es mit Ihren anderen Kurzgeschichten riskieren, obwohl sich solche Sammlungen selten gut verkaufen. Fällt Ihnen vielleicht ein Titel ein, der zwei Dutzend unterschiedliche Geschichten mit einer Art Haut überzieht – ?«

»Haut?«, fragte ich. »Wie wäre es mit *Der illustrierte Mann*, meiner Geschichte über einen Schausteller, dessen Tätowierungen sich ins Leben schwitzen und eine nach der anderen auf seiner Brust, seinen Armen und Beinen die Zukunft erleben?«

»Mir scheint, ich muss Ihnen zwei Schecks ausstellen«, sagte Walter I. Bradbury.

Drei Tage später verließ ich New York mit zwei Verträgen und zwei Schecks von insgesamt 1500 Dollar. Genug, um die monatliche Miete von 30 Dollar für ein Jahr im Voraus zu bezahlen, unser Baby zu versorgen und die Abzahlung eines kleinen Einfamilienhauses etwas außerhalb von Venice, Kalifornien zu beschleunigen. Als unsere erste Tochter im Herbst 1949 zur Welt kam, hatte ich alle meine verlorenen und wiedergefundenen Mars-Objekte angepasst und zu einem Ganzen zusammengefügt. Es wurde weniger ein Buch mit exzentrischen

Charakteren wie *Winesburg, Ohio*, eher eines voller seltsamer Ideen, Vorstellungen, Einfällen und Träumen, mit denen ich seit meinem zwölften Lebensjahr tagtäglich eingeschlafen und aufgewacht war.

Die *Mars-Chroniken* wurden im folgenden Jahr, im späten Frühling 1950 veröffentlicht.

Als ich in diesem Frühling nach Osten reiste, hatte ich keine Ahnung, was ich vollbracht hatte.

Bei einem Aufenthalt in Chicago ging ich zum *Art Institute*, um mit einem Freund zu Mittag zu essen. Auf dem oberen Treppenabsatz des Instituts sah ich eine Menschenmenge und hielt sie für Touristen. Aber als ich hinaufging, kamen sie mir entgegen und scharten sich um mich. Es waren keine Kunstliebhaber, sondern Leser, die Vorabexemplare der *Mars-Chroniken* hatten und gekommen waren, um mir zu erklären, was ich da unwissentlich geschrieben hatte. Diese Begegnung veränderte mein Leben. Danach war nichts mehr wie früher.

Ich könnte diese Liste der Was-wäre-gewesen-wenn-Fragen endlos fortführen. Was wäre gewesen, wenn ich nicht Maggie begegnet wäre, die ein Armutsgelübde ablegte, um mich zu heiraten? Was wäre gewesen, wenn Don Congdon mir nie geschrieben hätte, um mein Agent zu werden und es von derselben Woche an, in der ich Maggie heiratete, dreiundvierzig Jahre lang zu bleiben?

Und was wäre gewesen, wenn ich mich dagegen entschieden hätte, kurz nach Erscheinen der *Mars-Chroniken* in einem kleinen Buchladen in Santa Monica eine Signierstunde abzuhalten? Und so Christopher Isherwood verpasst hätte, der zufällig vorbeikam?

Rasch signierte ich ein Exemplar meines Buches und reichte es ihm.

Mit einem Ausdruck von Bedauern und Panik im Gesicht nahm Isherwood das Buch und floh.

Drei Tage später klingelte das Telefon.

»Wissen Sie, was Sie getan haben?«, fragte er.

»Was denn?«

»Sie haben ein prächtiges Buch geschrieben«, antwortete er. »Ich bin gerade zum Chefrezensenten von *Tomorrow* befördert worden, und Ihres wird das erste Buch sein, über das ich schreibe.«

Ein paar Monate später rief Isherwood mich an, um mir zu sagen, dass der berühmte englische Philosoph Gerald Heard mich gerne besuchen würde.

»Das geht nicht!«, schrie ich.

»Wieso nicht?«

»Weil«, begann ich, »wir noch keine Möbel in unserem neuen Haus haben!«

»Gerald Heard wird sich auf Ihren Fußboden setzen«, entgegnete Isherwood.

Heard kam und ließ sich auf unseren einzigen Stuhl nieder. Isherwood, Maggie und ich saßen auf dem Boden.

Einige Wochen später luden Heard und Aldous Huxley mich zum Tee ein, wo beide sich vorbeugten und beinahe einstimmig fragten: »Wissen Sie, was Sie sind?«

»Nein, was?«

»Ein *Poet*«, antworteten sie.

»Mein Gott«, sagte ich. »Wirklich?«

Und so enden wir, wie begonnen: Mit einem Freund, der mich auf den Weg gebracht hat, und einem, der mich zu einer neuen Reise einlädt. Was wäre gewesen, wenn Norman Corwin mich nicht losgeschickt, was, wenn Walter I. Bradbury mich nicht empfangen hätte? Mars hätte vielleicht nie eine Atmosphäre bekommen, sein Volk wäre niemals geboren worden, um goldene Masken zu tragen, und die Städte, niemals erbaut, hätten sich im unerschlossenen Hügelland verloren. Vielen Dank an diese beiden für meinen Ausflug nach Manhattan, der zu einer vierzigjährigen Rundreise durch eine andere Welt geworden ist.

1990

Auf den Schultern von Giganten

ABENDDÄMMERUNG IM ROBOTERMUSEUM: DIE WIEDERGEBURT DER VORSTELLUNGSKRAFT.

Seit gut zehn Jahren sitze ich an einer langen Ballade über einen kleinen Jungen aus der nahen Zukunft, der in ein audio-animiertes Museum läuft, den richtigen Eingang mit dem Hinweis *Rom* verpasst, durch eine Tür mit dem Schild *Alexandria* geht und über eine Schwelle tritt, neben der ein Pfeil mit der Aufschrift *Griechenland* auf eine Wiese zeigt.

Der Junge läuft über das künstliche Gras und begegnet Plato, Sokrates und vielleicht Euripides, die zur Mittagszeit unter einem Olivenbaum sitzen, Wein trinken, Brot und Honig verzehren und Weisheiten von sich geben.

Der Junge zögert, dann wendet er sich an Plato:

»Wie läuft's denn mit der Republik?«

»Setz dich, Junge«, sagt Plato, »dann erzähl ich's dir.«

Der Junge setzt sich. Plato erzählt. Sokrates wirft dann und wann etwas ein. Euripides gibt eine Szene aus einem seiner Stücke zum Besten.

Irgendwann während dieses Gesprächs könnte der Junge vielleicht auch eine Frage stellen, die uns allen wohl seit ein paar Jahrzehnten im Kopf herumgeistert:

»Wie kommt es, dass die Vereinigten Staaten, *das* Land der Einfälle und Innovationen, schon so lange Zeit Fantasy und Science-Fiction vernachlässigt hat? Warum interessiert man sich erst in den letzten dreißig Jahren so richtig dafür?«

Eine andere Frage des Jungen könnte sein:

»Wer ist für diese Wende verantwortlich?«

»Wer hat den Lehrern und den Bibliothekaren beigebracht, ihre Socken hochzuziehen, sich gerade hinzusetzen und aufzumerken?«

»Und welche Gruppe hat sich von der Abstraktion abgewandt und die Kunst in Richtung Illustration zurückgeführt?«

Da ich weder tot, noch ein Roboter bin und ein audio-animierter Plato möglicherweise für solche Fragen nicht programmiert ist, lassen Sie mich antworten, so gut es geht:

Die Antwort ist: Die Studenten. Die jungen Leute. Die Kinder.

Sie haben die Revolution des Lesens und des Malens angeführt.

Zum ersten Mal in der Geschichte der Kunst und des Lehrens sind Kinder zu Lehrern geworden. Vor unserer Zeit wurde das Wissen von der Spitze der Pyramiden zur breiten Masse herabgetragen, wo die Schüler so gut sie konnten zu überleben versuchten. Die Götter sprachen und die Kinder lauschten.

Aber, siehe da! Die Schwerkraft kehrt sich um. Die riesige Pyramide kippt wie ein schmelzender Eisberg, bis Jungen und Mädchen an der Spitze sind. Nun übernimmt die Basis die Aufgabe der Lehre.

Wie kam es dazu? Schließlich stand damals in den 20er und 30er Jahren nirgendwo Science-Fiction auf dem Lehrplan. In den Bibliotheken waren nur wenige Bücher zu finden. Nur ein- oder zweimal im Jahr wagte ein verantwortungsvoller Verleger, ein oder zwei neue Bücher herauszugeben, die man als spekulative Literatur bezeichnen könnte.

Wären Sie in den Jahren 1932, 1945 oder 1953 durch Amerika gefahren und hätten die durchschnittliche Stadtbibliothek besucht, hätten Sie folgendes vorgefunden:

Keinen Edgar Rice Burroughs.

Keinen L. Frank Baum, kein *Oz*.

1958 oder 1962 hätten Sie keinen Asimov, keinen Heinlein, keinen Van Vogt, und keinen, ähm, Bradbury gefunden.

Hier und da vielleicht ein oder zwei Bücher von einem der oben genannten Autoren. Was den Rest betrifft: Eine Wüste.

Was waren die Gründe dafür?

Unter Bibliothekaren und Lehrern kursierte damals – und kursiert hartnäckig auch heute noch, wenn auch in milderer Form – die Vorstellung, der Gedanke, die Auffassung, dass man mit seinen Cornflakes hauptsächlich Fakten zu sich nehmen sollte. Fantasy? Etwas für schräge Vögel. Fantasy – selbst wenn sie Science-Fiction-hafte Formen annimmt, was sie häufig tut – ist gefährlich. Eskapistisch. Tagträumerisch. Sie hat nichts mit der Welt und den Problemen dieser Welt zu tun.

So sprachen die Snobs, die sich nicht für Snobs hielten.

Und so blieben die Regale leer, die Bücher landeten unberührt im verlegerischen Mülleimer, die Themen blieben ungelehrt.

Dann die Evolution. Das Überleben der Spezies Kind. Die Kinder, hungrig nach Ideen, dem Tode nahe durch Mangelerscheinungen, gingen zum Angriff über.

Was taten sie?

Sie marschierten in die Klassenzimmer von Waukesha und Peoria und Neepawa und Cheyenne und Moose Jaw und Redwood City und legten eine kleine Bombe aufs Lehrerpult. Statt eines Apfels war es Asimov.

»Was ist denn das?«, fragte der Lehrer misstrauisch.

»Probieren Sie mal. Das wird Ihnen gut tun«, sagten die Schüler.

»Nein danke.«

»Probieren Sie es wenigstens mal!«, sagten die Schüler. »Nur die erste Seite. Wenn Sie es nicht mögen, können Sie ja einfach aufhören.« Und die klugen Schüler drehten sich um und gingen ohne ein weiteres Wort davon.

Die Lehrer (und später die Bibliothekare) legten das Buch beiseite, behielten es ein paar Wochen bei sich im Haus und griffen dann irgendwann spät nachts schließlich doch dazu, um den ersten Absatz zu lesen.

Und die Bombe explodierte.

Sie lasen nicht nur den ersten, sondern auch den zweiten Absatz, die zweite und die dritte Seite, das vierte und fünfte Kapitel.

»Mein Gott!«, schrien sie beinahe einstimmig, »diese verdammten Bücher haben ja tatsächlich *Inhalt*!«

»Lieber Himmel!«, riefen sie nach dem zweiten Buch. »Darin stecken ja echte Gedanken!«

»Heiliger Bimbam!«, stammelten sie auf ihrem Weg durch Clarke, auf der Zielgraden zu Heinlein und frisch aus Sturgeon hervorgetreten. »Diese Bücher sind – welch hässliches Wort! – relevant!«

»Ja!«, brüllte der Chor der Kinder, die im Schulhof dahinvegetierten. »Oh, ja!«

Und die Lehrer begannen zu lehren und entdeckten dabei etwas Erstaunliches:

Schüler, die das Lesen verabscheut hatten, waren plötzlich wie gebannt, zogen nun *ihrerseits* die Socken hoch und begannen zu lesen und Ursula LeGuin zu zitieren. Kinder, die bisher höchstens mal einen Nachruf auf einen Piraten gelesen hatten, blätterten plötzlich gierig die Seiten mit der Zunge um.

Bibliothekare waren erschüttert darüber, dass Science-Fiction-Romane nicht nur zu tausenden ausgeliehen wurden, sondern verschwanden und niemals zurückgegeben wurden.

»Wo sind wir die ganze Zeit über gewesen?«, fragten Bibliothekare und Lehrer, als der Prinz sie wach küsste. »Was *steckt* bloß in diesen Büchern, was sie so unwiderstehlich wie Cracker Jack macht?«

Die Geschichte der Einfälle.

Die Kinder hätten es mit weniger Worten gesagt. Sie fühlten es, lasen und liebten es. Die Kinder spürten, auch wenn sie es nicht formulieren konnten, dass die ersten Science-Fiction-Autoren wie Höhlenmenschen waren, die versuchten, aus Erfahrungen erste Wissenschaften zu entwickeln. Und welche waren das? Wie man das Feuer beherrscht. Was man gegen die Mammut-Herde draußen vor der Höhle tun kann. Wie man dem Säbelzahntiger die Zähne ziehen kann, um ihn in ein Hauskätzchen zu verwandeln.

Während sie über diese Probleme und mögliche Lösungen nachdachten, malten die ersten Höhlenmenschen Science-Fiction-Träume an die Höhlenwände – mit Ruß entworfene Ideen für mögliche Strategien. Illustrationen von Mammut, Tiger, Feuer – wie löst man das Problem? Wie verwandelt man Science-Fiction (Lösungsideen) in wissenschaftliche Fakten (tatsächliche Problemlösung)?

Die Tapferen rannten aus der Höhle hinaus, wurden von den Mammuts niedergetrampelt, von den Tigern gefressen und von dem bestialischen Feuer, das auf Bäumen lebte und ganze Wälder fraß, verbrannt. Einige wenige kehrten zurück, um an den Wänden ihren Triumph über das Mammut zu verewigen, der wie eine haarige Kathedrale zu Boden stürzte, den Tiger, dem man die Zähne gezogen und über das Feuer, das man gezähmt und in die Höhle gebracht hatte, wo es ihre Albträume vertreiben und ihre Seelen wärmen konnte.

Die Kinder spürten, auch wenn sie es nicht formulieren konnten, dass die Geschichte der Menschheit aus Lösungsfindung besteht, aus Science-Fiction, die Einfälle verzehrt, sie verdaut und als Überlebensformeln wieder ausscheidet. Das eine geht ohne das andere nicht. Ohne Fantasy, keine Realität. Ohne die Forschung nach dem Grund für Verluste, keinen Gewinn. Ohne Vorstellungskraft, keine Veränderung. Ohne unmögliche Träume, keine möglichen Lösungen.

Die Kinder spürten, wenn sie es auch nicht formulieren konnten, dass Fantasy und deren Roboterkind Science-Fiction keinesfalls Flucht bedeuten. Sondern ein Umkreisen der Realität, um sie zu verzaubern und sie zu erziehen. Worum ging es denn bei einem Flugzeug, wenn nicht um das Umkreisen der Realität, die Annäherung an die Schwerkraft: Sieh' her, ich trotze dir mit meiner magischen Maschine! Schwerkraft, verschwinde. Distanz, mach Platz. Zeit, steh still oder kehr dich um, wenn ich am Ende gar die Sonne überhole und die Erde in – lieber Gott! Sieh nur! – Flugzeug/Jet/Rakete – achtzig Minuten umrunde!

Die Kinder errieten, selbst wenn sie es nicht formulieren konnten, dass Science-Fiction ein Versuch ist, Probleme zu lösen, indem man so tut, als sähe man in die entgegengesetzte Richtung.

Ich habe diesen literarischen Prozess einmal mit Perseus' Triumph über Medusa verglichen. Perseus, der Medusas Antlitz im Spiegel seines Bronzeschilds betrachtet, während er so tut, als sähe er sie nicht, trennt Medusa durch einen Schwertschlag nach hinten über seine Schulter den Kopf ab. Science-Fiction greift nach der Zukunft, um kranke Hunde, die heute auf den Straßen verenden, morgen zu heilen. Der Umweg ist alles. Die Metapher das Heilmittel.

Kinder lieben Kataphrakte, obwohl sie meist dieses Wort nicht kennen. Ein Kataphrakt ist ein persischer Reiter in einer Rüstung, der auf einem speziell gezüchteten Pferd reitet, eine Kombination, die vor langer Zeit einmal half, die römische Legion zurückzuschlagen. Problem: Überlegene römische Armeen mit Fußsoldaten. Science-Fiction-Träume: Kataphrakt/Mann-zu-Pferd. Römer in die Flucht geschlagen. Problem gelöst. Science-Fiction wird zu Science-Fact, zur wissenschaftlichen Tatsache.

Problem: Botulismus. Sciene-Fiction-Träume: Einen Behälter zu erfinden, der Nahrungsmittel frisch hält und so den Tod verhindert. Sciene-Fiction-Träumer: Napoleon und seine Techniker. Traum wird Wirklichkeit: die Erfindung der Konserve. Problem gelöst: Millionen Überlebende, die vor dieser Erfindung qualvoll gestorben wären.

So sind wir, scheint es, alle Kinder der Science-Fiction, die sich neue Überlebensmethoden erträumen. Wir sind die Reliquiare der Zeit. Statt Knochen von Heiligen in gläserne Truhen und goldene Behälter zu legen, damit die Gläubigen kommender Jahrhunderte sie berühren können, bannen wir Stimmen und Gesichter, Träume und unerfüllbare Träume auf Band, auf Papier, auf den Bildschirm und die Leinwand. Der Mensch, der Problemlöser, ist dies nur, weil er ein Bewahrer der Ideen ist. Nur durch die Entdeckung technologischer Methoden, Zeit zu sparen, Zeit einzuhalten, aus der Zeit zu lernen und in Lösungen hineinzuwachsen, haben wir bis in dieses Zeitalter hinein überlebt und werden in ein sogar noch besseres Zeitalter hinein überleben. Sind wir verunreinigt? Wir können uns wieder reinigen. Sind wir übervölkert? Wir können die Massen entzerren. Sind wir einsam und krank? Die Krankenhäuser dieser Welt sind zu freundlicheren Orten geworden, seit das Fernsehen uns besucht, Händchen hält und die Hälfte des Fluchs der Krankheit und Einsamkeit von uns nimmt.

Wollen wir nach den Sternen greifen? Wir können sie haben. Können wir uns eine Tasse Feuer von der Sonne ausborgen? Wir können und müssen und erhellen die Welt.

Wohin wir auch blicken: Probleme. Wohin wir auch blicken, wenn wir uns konzentrieren: Lösungen. Die Kinder der Menschen, die Kinder der Zeit – wie hätten sie von diesen Herausforderungen *nicht* gefesselt sein können? Und daher: Science-Fiction und die jüngste Geschichte.

Der zur Krönung junge Leute, ähnlich wie schon zuvor beschrieben, Bomben in Ihre nächste Kunstgalerie, Ihr städtische Museum geworfen haben.

Sie waren durch die Hallen geschlendert und eingeschlafen beim Anblick der modernen Szene von beinahe sechzig Jahren abstrahierter Abstraktion, die hinter dem eigenen Rücken verschwunden war. Leere Leinwände. Leere Köpfe. Keine Konzepte. Manchmal keine Farbe. Kein einziger Einfall, der einen Floh im Hundezirkus vom Hocker reißen würde.

»Genug jetzt!«, schrien die Kinder. »Wir brauchen Fantasy. Lasst das Licht der Science-Fiction leuchten!«

Lasst die Illustration wieder auferstehen.

Erweckt und klont die Präraffaeliten und lasst sie sich vermehren.

Und so geschah es.

Und weil die Kinder der Weltraum-Ära, die Söhne und Töchter Tolkiens ihre fiktionalen Träume in illustrativer Sprache ausgedrückt sehen wollten, wurde die uralte Kunst des Geschichtenerzählens, wie sie die Höhlenmenschen oder Fra Angelico oder Dante Gabriel Rossetti gepflegt hatten, neu erfunden, während die zweite Pyramide umkippte und sich die Bildung von der Basis zur Spitze hin verteilte und die alte Ordnung umgekehrt wurde.

Daher die doppelte Revolution im Lesen, im Literaturunterricht und in der bildenden Kunst.

Daher sind – durch Osmose – die Industrielle Revolution und die Zeitalter der Elektronik und der Raumfahrt schließlich ins Blut, in die Knochen, ins Mark, Herz, Fleisch und in den Geist der jungen Menschen gedrungen, die uns als Lehrer das lehren, was wir schon lange hätten wissen müssen.

Jene Wahrheit nämlich: das Science-Fiction die Geschichte der Ideen – nicht mehr und nicht weniger – ist. Ideen, die sich selbst gebären und wahr werden, nur um neue Träume und Ideen zu erfinden, die in noch faszinierenderen Gestalten und Formen geboren werden wollen – nur einige davon für die Ewigkeit, alle aber für unser Überleben.

Ich hoffe, dass wir hier nicht zu ernsthaft werden, denn Ernsthaftigkeit wirkt wie der Rote Tod, wenn wir ihr erlauben, sich frei unter uns zu bewegen. Ihre Freiheit ist unser Gefängnis, unsere Niederlage und unser Tod. Eine gute Idee sollte uns zusetzen wie ein bettelnder Hund. Wir dagegen dürfen ihr nicht zusetzen, sie mit Intellekt glätten, sie in den Dämmerschlaf dozieren, sie mit tausend analytischen Kniffen töten.

Bleiben wir kindlich – nicht kindisch – in unseren Visionen und borgen wir uns jene Teleskope, Raketen oder Fliegenden Teppiche, die nötig sein könnten, um uns rasch zu den Wundern der Physik und der Träume zu bringen.

Die doppelte Revolution dauert an. Und uns stehen noch mehr – unsichtbare – Revolutionen bevor. Probleme wird es immer geben. Gott sei Dank. Und Lösungen. Gott sei Dank. Und immer wieder neue Tage, an denen wir nach ihnen suchen können. Lobet Allah und füllt die Kunstgalerien der Welt mit Marsianern, Elfen, Kobolden, Astronauten und Bibliothekaren und Lehrern von Alpha Centauri, die ihren Schülern einschärfen, keine Science-Fiction oder Fantasy zu lesen, denn: »Das verwandelt euer Hirn zu Brei!«

Und nun soll Plato aus meinem Robotermuseum, in dem der Morgen herandämmert, mitten aus seiner elektronisch-animierten Republik das letzte Wort haben:

»Geht, Kinder. Lauft und lest. Lest und lauft. Zeigt und erzählt. Kippt eine weitere Pyramide um. Krempelt eine weitere Welt von innen nach außen. Klopft den Ruß aus meinem Hirn. Restauriert die Sixtinische Kapelle in meinem Kopf. Lacht und denkt. Träumt und lernt und baut auf.«

»Lauft, ihr Jungen! Lauft, ihr Mädchen!«

Und mit diesem guten Rat versehen, werden die Kinder losstürmen.

Und die Republik ist gerettet.

1965

Der geheime Geist

Ich hätte nie das Bedürfnis gehabt, nach Irland zu gehen.

Aber dann war John Huston am Telefon und lud mich zum Drink in sein Hotel ein. Am späten Nachmittag, unsere Gläser gefüllt, sah mich Huston abwägend an und fragte: »Wie würde es Ihnen gefallen, in Irland zu leben und das Drehbuch zu *Moby Dick* zu schreiben?«

Und plötzlich jagten wir hinter dem Weißen Wal her – meine Frau, zwei Töchter und ich.

Ich brauchte sieben Monate, um den Wal aufzuspüren, ihn zu fangen und seine Flossen abzutrennen.

Von Oktober bis April lebte ich in einem Land, in dem ich nicht sein wollte.

Ich glaubte, ich hätte von Irland nichts gesehen, nichts gehört, nichts gefühlt. Die Kirche war ein Trauerspiel. Das Wetter war entsetzlich. Die Armut grässlich. Ich wollte nichts davon mitbekommen. Außerdem war da ja noch dieser große Fisch ...

Aber ich hatte die Rechnung ohne mein Unbewusstes gemacht. Mitten in all dieser klischeehaften Feuchtigkeit und während ich versuchte Leviathan mit meiner Schreibmaschine zur Strecke zu bringen, standen meine Antennen auf Empfang. Nicht dass mein hellwaches Ich die Menschen nicht wahrgenommen, bewundert und gemocht, sich mit einigen angefreundet und sie oft besucht hätte – nein. Aber den weitaus stärkeren Eindruck erhielt ich von der Armut und dem Regen und meinem Selbstmitleid in einem bemitleidenswerten Land.

Als das Ungeheuer zu Tran verarbeitet und den Kameras ausgeliefert worden war, floh ich aus Irland, der festen Meinung, dass ich außer, wie man Stürme, Nebel und die von Bettlern besetzten Straßen Dublins und Kilcocks fürchtet, nichts mitgekriegt hatte.

Aber das innere Auge ist scharf. Während ich über die harte Arbeit und meine Unfähigkeit, mich ganz wie Herman Melville zu fühlen, lamentierte, blieb mein Ich wachsam, atmete tief ein, hörte geduldig zu, beobachtete genau und speicherte Irland und seine Menschen für spätere Zeiten, in denen ich entspannter sein und sie zu meiner eigenen Überraschung hervortreten lassen würde.

Ich reiste über Sizilien und Italien zurück, wo ich mich vom irischen Winter freibräunte und jedem, der es hören wollte, versicherte, dass ich niemals über die Connemara Lightfoots oder die Donnybrook Gazelles schreiben würde.

Ich hätte mich an meine Erfahrung mit Mexiko erinnern sollen. Dort war ich zwar nicht auf Regen und Armut, dafür auf Sonne und Armut gestoßen und war geflohen, weil mich das Klima von Sterblichkeit und der schrecklich süße Geruch jener Mexikaner, die den Tod ausströmten, entsetzt hatten. Daraus hatten sich zumindest ein paar anständige Albträume schreiben lassen.

Dennoch glaubte ich, Éire sei gestorben, die Totenwache vorbei, seine Bewohner würden mich nie mehr verfolgen.

Einige Jahre vergingen.

Dann, an einem verregneten Nachmittag, erschien Mike (der in Wirklichkeit Nick heißt), der Taxifahrer, und platzierte sich so in meinem Geist, das ich ihn nicht wirklich sehen konnte. Er stieß mich sanft an und wagte es, mich an unsere gemeinsamen Fahrten durchs Moor und entlang des Liffey zu erinnern, an unsere Gespräche, während er seinen alten Wagen Abend für Abend langsam durch den Nebel steuerte und mich zum Royal Hibernian Hotel fuhr, dieser Mann, den ich in diesem wilden, grünen Land auf Dutzenden dunkler Reisen besser als jeden anderen kennengelernt hatte.

»Erzähl die Wahrheit über mich«, sagte Mike. »Schreib es einfach so auf, wie es war.«

Und plötzlich hatte ich eine Kurzgeschichte und ein Theaterstück. Und die Geschichte ist wahr und das Stück ist wahr. So ist es geschehen. Es hätte nicht anders geschehen können.

Nun, das mit der Geschichte verstehen wir, aber warum habe ich mich nach all diesen Jahren dem Theater zugewandt? Weil es keine Wende war. Sondern eine Rückbesinnung.

Als Junge spielte ich auf einer Amateurbühne und sprach im Radio. Als junger Mann schrieb ich Theaterstücke. Diese Stücke, die nie produziert wurden, waren so schlecht, dass ich mir schwor, erst dann wieder für das Theater zu schreiben, wenn ich irgendwann – im hohen Alter – gelernt hatte, mit all den anderen literarischen Formen umzugehen. Gleichzeitig gab ich die Schauspielerei auf, weil ich die Wettbewerbsmentalität, die Schauspieler annehmen müssen, um arbeiten zu können, fürchtete. Im übrigen rief mich die Kurzgeschichte, der Roman. Und ich folgte diesem Ruf. Ich stürzte mich aufs Schreiben. Jahre vergingen. Ich sah mir Hunderte von Theaterstücken an. Liebte sie. Aber ich ließ mich dennoch nicht dazu hinreißen, je wieder 1. Akt, 1. Szene auf ein Blatt Papier zu schreiben. Dann kam *Moby Dick*, Zeit, darüber nachzugrübeln, und plötzlich war Mike da, mein Taxifahrer, der in meiner Seele herumstöberte und Bruchstücke von Abenteuern hervorholte, die ich einige Jahre zuvor nahe dem Hill of Tara oder in den Midlands im Herbst, als die Blätter fielen, in Killeshandra erlebt hatte. Meine alte Liebe zum Theater gab den letzten Anstoß und überwältigte mich schließlich.

Außerdem schubste und drängte mich eine Gruppe briefeschreibender Fremder, die mir unerwartete Geschenke machten. Es begann vor ungefähr acht oder neun Jahren, dass ich Schreiben bekam, die etwa so lauteten:

Sir: Gestern Abend las ich meiner Frau im Bett Ihr *Nebelhorn* vor.

Oder:

Sir: Ich bin fünfzehn Jahre alt und habe den Annual Recitation Prize der Gurnee Illinois High gewonnen, als ich Ihren *Ein Donnerschlag* aus dem Gedächtnis vortrug.

Oder:

Sehr geehrter Mr. B.: Wir sind stolz, Ihnen mitteilen zu dürfen, dass unsere mit sieben Personen durchgeführte Lesung Ihres Romanes *Fahrenheit 451* während unserer gestrigen Konferenz bei zweitausend Lehrern großen Anklang gefunden hat.

In sieben Jahren waren Dutzende meiner Geschichten von Grundschul-, Highschool- und College-Amateuren quer durchs ganze Land deklamiert, rezitiert und dramatisiert worden. Die Briefe begannen sich zu stapeln, bis der Stapel schließlich zusammenbrach und auf mich herabregnete. Ich wandte mich an meine Frau und sagte: »Jeder außer mir hat seinen Spaß damit, mich zu adaptieren. Wie kann das sein?«

Es war wie die Umkehrung des alten Märchens. Statt herauszuschreien, dass der Kaiser nackt sei, sagten all diese Leute unmissverständlich, dass ein englischer Abkömmling, der von der Los Angeles High School geflogen war, voll bekleidet war.

So begann ich, Stücke zu schreiben.

Aber noch etwas trug dazu bei, dass ich mich wieder der Bühne zuwandte. In den vergangenen fünf Jahren hatte ich mir eine ganze Reihe europäischer oder amerikanischer Ideendramen geliehen oder gekauft und gelesen; ich habe Absurdes und Mehr-als-Absurdes Theater gesehen. Alles in allem betrachtet, kam ich nicht umhin, die Stücke als anspruchslose Übungen einzustufen, die nur allzu oft geradezu schwachsinnig waren. Vor allem aber fehlten ihnen die wichtigsten Requisiten, nämlich Vorstellungskraft und Talent.

Nach diesem vernichtenden Urteil ist es nur fair, wenn ich meinen eigenen Kopf auf den Block lege. Wenn Sie möchten, können Sie mein Henker sein.

In der Geschichte der Literatur gibt es viele Beispiele für Schriftsteller, die – zu Recht oder zu Unrecht – glaubten, sie könnten ein bestimmtes Genre aufräumen, verbessern oder revolutionieren. Deshalb stürzen sich viele von uns auf etwas, an das sich sonst keiner heranwagt.

Weil ich es bereits einmal gewagt hatte, wagte ich es jetzt voller Elan erneut. Als Mike aus meiner Schreibmaschine sprang, kamen andere ungebeten hinterher.

Und je mehr kamen, umso mehr drängten nach, um die Lücken auszufüllen.

Plötzlich erkannte ich, dass ich mehr vom Denken und Handeln der Iren wusste, als ich in einem Monat oder einem Jahr entwirren und über das Schreiben verarbeiten konnte. Und so segnete ich einmal mehr meinen geheimen Schöpfergeist, der mir ein gigantisches Lager zur Verfügung stellte, aus dem ich Nächte, Städte, Wetter, Tiere, Fahrräder, Kirchen, Kinos und rituelle Märsche aufrufen konnte.

Mike hatte mich zu einem lockeren Schritttempo angeregt; ich fiel in einen Trab, der sich sehr rasch zu einem vollen Galopp entwickelte.

Die Storys, die Stücke, entstanden aus einem quirligen Gedränge. Ich musste ihnen nur Platz machen.

Und habe ich nun, nachdem ich damit fertig bin und mich inzwischen wieder mit Science-Fiction beschäftige, eine Nachlese-Theorie aus der Erfahrung gewonnen, die sich aufs Schreiben von Theaterstücken anwenden lässt?

Ja.

Denn nur hinterher kann man feststellen, untersuchen, erklären.

Der Versuch, vorher zu begreifen, führt zu Erstarrung und Tod der Idee.

Selbstkontrolle ist der Feind jeder Kunst, sei es Schauspielerei, Schreiben, Malen oder sogar im Leben, das die größte Kunst von allen ist.

Hier ist also meine Theorie.

Wir Autoren haben bestimmte Ziele:

Wir bauen Spannung auf, um Lachen zu erreichen, erteilen die Erlaubnis, und es wird gelacht.

Wir bauen Spannung auf, die Trauer bewirken soll, befehlen zu weinen und hoffen, unser Publikum in Tränen zu sehen.

Wir bauen Spannung auf, die Aggressionen auslösen soll, zünden die Lunte und laufen davon.

Wir bauen die seltsamen Spannungen der Liebe auf, in die so viele andere – modifizierte und transzendierte – Spannungen münden, und ermöglichen unserem Publikum die Erfüllung in ihrer Vorstellung.

Wir bauen – besonders heute – Spannung auf, die Ekel erzielen will, und wenn wir gut genug, talentiert genug, aufmerksam genug sind, wird das Publikum sich ekeln.

Jede Spannung braucht das ihr angemessene Ende, die Erlösung, die Entspannung.

Daraus folgt, dass keine Spannung – ob ästhetisch oder physisch – aufgebaut werden darf, die ungelöst bleibt. Ohne Erlösung endet jede Kunst im Nichts, auf halber Strecke zum Ziel. Im wirklichen Leben kann die fehlende Entspannung nach einer hochdramatischen Situation zum Wahnsinn führen.

Es gibt scheinbare Ausnahmen dieser Regel – Stücke oder Romane, die auf dem Höhepunkt der Spannung enden, doch hier wird die Erlösung impliziert. Das Publikum wird angehalten, sich weiter in die Welt hineinzuwagen und einen Gedanken weiterzuführen. Der Schluss wird vom Autor auf den Leser oder Zuschauer übertragen, dessen Aufgabe es ist die Szene, mit seinem Gelächter, Tränen, Gewalt, Sexualität oder Ekel zu Ende zu bringen.

Dies ist die Essenz der Kreativität, die auch der Mittelpunkt des menschlichen Wesens ist.

Wenn ich angehenden Theater-Autoren einen Rat geben sollte, wenn ich dem angehenden Theater-Autor *in mir* einen Rat geben sollte, würde ich etwa Folgendes sagen:

Erzähl mir keine Witze ohne Pointe.

Ich werde über deine Unfähigkeit lachen, mich zum Lachen zu bringen.

Rühre mich nicht zu Tränen, wenn du mir das Klagen nicht erlauben willst.

Ich werde mir bessere Klagemauern suchen.

Mach mich nicht wütend ohne zu sagen auf wen.

Ich könnte stattdessen dich verprügeln.

Und vor allem: Mach mich nicht krank, wenn du mir nicht den Weg zur Reling zeigen kannst.

Denn, wenn du mich krank machst, muss ich mich übergeben können.

Es kommt mir vor, als ob zu viele Autoren, die Abscheu erregende Filme, Romane, Theaterstücke schreiben, vergessen hätten, dass Gift den Geist ebenso vernichten kann wie den Körper. Auf den Etiketten der meisten Giftflaschen befindet sich ein Brechmittel-Rezept. Aus Nachlässigkeit, Unwissenheit oder Unfähigkeit zwingen uns die neuen Intellektuellen Haarbälle in den Schlund und verweigern uns das Würgen, das uns wieder gesund machen könnte. Sie haben vergessen, falls sie es je gewusst haben, dass sich Übelkeit nur durch Erbrechen kurieren lässt.

Die Ästhetik der Kunst hat Raum für jeden Schrecken, jede Freude, wenn die Spannung, die sie erzeugt bis zum Äußersten geführt und wieder aufgelöst wird. Ich bitte nicht um ein Happy End. Ich erwarte nur ein entsprechendes Ende, das der zuvor aufgebauten Spannung Rechnung trägt und eine Erlösung erlaubt.

Wo mich Mexiko mit einer gewaltigen Finsternis im Herzen der Mittagssonne überraschte, überraschte mich Irland mit der wärmenden Sonne, die im Herzen des Nebels verborgen war. Der ferne Trommler in Mexiko zog mich in den Bann eines Trauermarsches. Der Trommler in Dublin führte mich beschwingt durch die Pubs. Die Stücke wollten fröhliche Stücke sein. Ich ließ sie sich selbst in dieser Weise schreiben, ließ sie aus ihren Wünschen und Bedürfnissen, ihren ungewöhnlichen Freuden und feinen Genüssen entstehen.

Auf diese Art schrieb ich ein halbes Dutzend Theaterstücke über Irland, und es werden mehr werden. Wussten Sie, dass überall in Irland Fahrradfahrer frontal kollidieren und noch Jahre danach an den Nachwirkungen der schrecklichen Gehirnerschütterung leiden? Doch, tatsächlich. Ich habe sie in einem Akt beschrieben und festgehalten. Wussten Sie, dass in den Kinos jeden Abend, einen Augenblick bevor die Irische Nationalhymne losdröhnt, schreckliche Hektik und Gedränge herrscht, wenn die Leute versuchen, durch die Ausgänge zu entkommen, um die fürchterliche Musik nicht schon wieder hören zu müssen? So ist es. Ich habe es erlebt. Auch ich bin so geflüchtet. Und nun habe ich diese Kuriosität in dem Stück *Die Hymnen-Sprinter* verarbeitet. Wussten Sie, dass man nachts auf der Fahrt durch den Nebel der moorigen Midlands am besten die Scheinwerfer ausschaltet? Und dabei schrecklich schnell fahren ist noch besser! Auch das habe ich geschrieben. Gibt es etwas im Blut eines Irishman, das seine Zunge bewegt und Schönheit hervorbringt? Oder ist es der Whisky, den er in sich hineinschüttet, der sein Blut bewegt, seine Zunge zu bewegen, damit sie Gedichte spricht und Poesie zur Harfe rezitiert. Ich weiß es nicht. Ich frage mein geheimes Ich, das mir die Frage beantwortet. Weiser Mann, der ich bin, höre ich zu.

Obwohl ich mich also für unvermögend, unwissend und unaufmerksam gehalten hatte, über Irland zu schreiben, brachte ich mehrere Ein-Akter, einen Drei-Akter, Essays, Gedichte und einen Roman hervor. Ich war reich gewesen und hatte es nicht gewusst. Wir alle sind reich und ignorieren nur allzu oft, welches Wissen sich in uns gesammelt hat.

Meine Storys und Stücke beweisen mir wieder und wieder, dass ich niemals an mir, meinem Gefühl, meinem Hirn oder meinem Unbewussten zweifeln sollte.

Ich hoffe, dass ich immer aufgeschlossen bleibe und mich so gut ich kann weiterentwickle. In Zukunft werde ich mich ganz entspannt an meinen geheimen Schöpfergeist wenden, der wach alles beobachtet, selbst wenn ich denke, ich hätte von allem nichts wahrgenommen.

Wir ignorieren nie alles um uns herum.

Wir sind wie Becher, die sich permanent und lautlos füllen.

Der Trick liegt nur darin, zu wissen, wie man sich selbst anstößt, um den wundervollen Inhalt herausströmen zu lassen.

MEIN IDEENDRAMA

Die Zeit ist wie Theater. Sie ist voller Verrücktheit, Wildheit, Brillanz, Einfälle; bringt Jubel und Verzweiflung. Sie sagt entweder zu viel oder zu wenig.

Aber etwas bleibt konstant als Voraussetzung dafür:

Ideen.

Der Vormarsch der Ideen. Zum ersten Mal in der langen und durch Heimsuchungen gekennzeichnete Geschichte des Menschen existieren Ideen nicht mehr nur auf Papier, wie beispielsweise Philosophien in Büchern.

Die Ideen von heute werden ausgearbeitet, verrissen, konstruiert, elektrifiziert, festgezurrt und losgelassen, um den Menschen auf Touren oder zur Strecke zu bringen.

Wenn wir dies als gegeben hinnehmen, wie rar dann der Film, der Roman, das Gedicht, die Story, das Gemälde oder das Stück, die sich mit dem größten Problem unserer Zeit, mit dem Menschen und seinen sagenhaften Werkzeugen, dem Menschen und seinen mechanischen Kindern, dem Menschen und seinen amoralischen Robotern beschäftigen, die ihn, merkwürdigerweise und unerklärlicherweise, in die Unsterblichkeit führen.

Ich lege meine Stücke in erster Linie so an, dass sie Unterhaltung und Spaß bieten, dass sie stimulieren, erschrecken, und, wie ich hoffe, amüsieren. Dies, denke ich, ist wichtig, um Leidenschaften zu vermitteln, um eine gute Geschichte glaubhaft bis zum Ende zu erzählen. Mag der Rest sich einstellen, wenn das Stück vorbei ist und das Publikum nach Hause geht. Mag der Zuschauer mitten in der Nacht plötzlich erwachen und sich sagen: Oh, *darauf* wollte er hinaus! Oder am nächsten Morgen ausrufen: Er meint *uns*! Er meint *jetzt*! *Unsere* Welt, *unsere* Probleme, *unsere* Freuden und *unsere* Sorgen!

Ich will ganz bestimmt kein hochnäsiger Dozent, kein großspuriger Gutmensch, kein langweiliger Reformer sein.

Ich will ganz entschieden losstürmen, die großartigste Zeit in der Geschichte der Menschheit packen, meine Sinne damit vollstopfen, sie betrachten, sie berühren, ihr zuhören, sie riechen und schmecken, und ich hoffe, dass andere – auf der Jagd nach Ideen und verfolgt von Ideen – mit mir dahinstürmen.

Ich bin schon allzu oft nachts von Polizisten angehalten worden, die von mir wissen wollten, was ich um diese Uhrzeit noch draußen machen würde.

Danach entstand ein Stück, das in der Zukunft spielt, mit dem Titel *Geh nicht zu Fuß durch stille Straßen*, das von der misslichen Lage ähnlicher Spaziergänger in nächtlichen Großstädten handelt.

Ich habe unzählige, von Fernsehen verzückte, weltversunkene, nichts anderes mehr wahrnehmende Kinder jeden Alters beobachtet und *Das Kinderzimmer* geschrieben, in dem es um einen Fernsehraum mit Projektionsflächen ringsum an allen vier Wänden geht, der einer Familie zum Schicksal wird.

Und ich habe ein Stück über einen Alltagspoeten, einen Meister der Mittelmäßigkeit geschrieben, einen alten Mann, dessen großartigste Leistung darin besteht, sich bis hin zu den Radkappen, Windschutzscheiben, Armaturenbretter und Nummernschilder ins Gedächtnis zu rufen, wie ein Moon von 1925 oder ein Kissel-Kar oder ein Buick einmal ausgesehen hat. Ein Mann, der sich an die Farbe jedes Bonbonpapiers, das je gekauft wurde, an das Design jeder Zigarettenpackung, die je geraucht wurde, erinnert.

Diese Stücke, diese Ideen, die nun für die Bühne bearbeitet worden sind, werden hoffentlich als echtes Produkt unserer Zeit betrachtet.

1965

Haufenweise

Haiku

filmen

Es begann mit Das schwarze Riesenrad, einer Geschichte mit 3000 Wörtern, die in Weird Tales (1948) veröffentlicht wurde.

*I*n dieser Geschichte geht es um zwei junge Burschen, die den Verdacht haben, das mit dem Jahrmarkt, der in die Stadt kommt, irgendetwas nicht stimmt. Aus der Story wurde das Drehbuch-Treatment, Dark Carnival (1958), ein Projekt, das unter der Regie von Gene Kelly verfilmt werden sollte, dann aber doch nicht produziert wurde. Stattdessen wurde aus dem Treatment ein Roman, der den Titel Das Böse kommt auf leisen Sohlen (1962) erhielt. Ein Roman, ein Drehbuch (1971), dann ein zweites Drehbuch (1976) und nun, schließlich, ein Film. Der Autor des Romans, des Treatments, der Geschichte und des Drehbuchs ist selbstverständlich Ray Bradbury. Ein Glück, dass Bradbury meint, er sei »immer schon ein guter Lektor meiner eigenen Arbeit gewesen.«

»Ich habe versucht, meinen schreibenden Freunden zwei Künste beizubringen: die eine ist, wirklich etwas fertig zu stellen. Und die zweite, sich beizubringen, wie man es kürzt, ohne es zu vernichten oder in irgendeiner Hinsicht zu verletzen. Am Anfang seines Daseins als Schriftsteller hasst man diesen Job, aber nun, da ich älter bin, hat er sich in ein wundervolles Spiel verwandelt, und ich liebe die Herausforderung beinahe so sehr wie das Schreiben des Originals. Denn es ist tatsächlich eine Herausforderung. Es ist eine intellektuelle Herausforderung, das Skalpell zu nehmen und den Patienten zu operieren, ohne ihn umzubringen.

Wenn das Lektorieren ein wundervolles Spiel ist, dann ist Das Böse kommt auf leisen Sohlen *eine wahre Spielesammlung der Möglichkeiten – so lange hat Bradbury seine kleine Geschichte über Will Holloway und Jim Nightshade und das gruselige Karussell, dessen Fahrgäste mit jeder Umdrehung ein Jahr altern, adaptiert, neu adaptiert und re-adaptiert. Er stellt zufrieden fest, dass Jack Claytons Version, die Disney im Februar in die Kinos schickt, ›ɪoriginalgetreuer ist als alles, was je von mir auf die Leinwand gebracht wurde.‹ Die Zusammenarbeit mit dem Regisseur war offenbar fruchtbar. ›Ich verbrachte sechs Monate damit, für Jack ein ganz neues Drehbuch zu schreiben, was eine großartige Erfahrung war, da man mit Jack wunderbare Nachmittage verbringen kann.‹«*

Mitch Tuchman

Ich hatte ein Drehbuch von 260 Seiten geschrieben. Das sind sechs Stunden Film. »Tja«, sagte Jack, »nun musst du vierzig Seiten herausstreichen.«

»Gott, das kann ich nicht«, antwortete ich.

»Mach nur, ich weiß, dass du es kannst«, sagte er. »Ich schau dir über die Schulter.«

Also strich ich vierzig Seiten heraus.

Er sagte: »Okay, jetzt musst du noch einmal vierzig Seiten streichen.«

Ich reduzierte es auf 180 Seiten, und Jack verlangte weitere dreißig.

»Unmöglich!«, sagte ich. Und kürzte es auf 150 Seiten.

»Jetzt noch dreißig!«, verlangte Jack.

Nun ja, er versicherte mir immer wieder, dass ich es schon schaffen würde, und, bei Gott, ich redigierte es ein letztes Mal und hatte 120 Seiten übrig. Und es war besser geworden.

Glaubten Sie denn wirklich, als Sie Clayton die 260 Seiten gaben, dass er es so drehen würde? Als erfahrener Drehbuchschreiber müssen Sie doch gewusst haben ...
Oh, sicher, ich wusste, dass es zu lang war. Ich wusste, dass ich die erste Kürzung vornehmen konnte ... aber ab da wird es immer schwerer. Vor allem, weil man müde wird und nicht mehr klar sehen kann. Also ist es die Aufgabe des Regisseurs oder des Produzenten, der noch frischer ist, als man selbst, dem Autor dabei zu helfen, Abkürzungen zu finden.

Mit welcher Art von Ideen stand Clayton Ihnen denn zur Seite?
Nur indem er sich jeden Tag mit mir hinsetze und sagte: »Kannst du eine Möglichkeit finden, diese sechs Zeilen Dialog auf zwei zu reduzieren?« Er forderte mich heraus, alles, was ich vermitteln wollte, kürzer auszudrücken. Seine indirekten Vorschläge und das Wissen, dass er mich psychologisch unterstützte, brachten mich weiter.

Haben Sie eher Dialoge oder Handlung herausgeschnitten?
Alles. Es geht um allgemeine Komprimierung. Es handelt sich weniger um Herausschneiden, denn um Ersetzen durch Metaphern – und hier war meine Poetik-Erfahrung von großem Wert. Es gibt eine Verbindung zwischen den großen Gedichten dieser Welt und den großen Drehbüchern: beide sprechen in kompakten Bildern. Wenn man die richtige Metapher, das richtige Bild finden und es in eine Szene einbauen kann, können vier Seiten Dialog ersetzt werden.

Schauen Sie sich einen Film wie *Lawrence von Arabien* an: Einige der besten Szenen sind Szenen ohne Dialoge. Die Szene, in der Lawrence in die Wüste zurückkehrt, um den Kameltreiber zu retten – keine einzige Zeile Dialog darin. Sie dauert gute fünf Minuten und läuft nur über Bilder ab. Als Lawrence schließlich aus der Wüste zurückkommt, schwillt die Musik genauso an wie das Herz des Zuschauers. Genau das ist es, wonach man sucht.

Ich bin mit Herz und Seele Drehbuchautor – bin es immer gewesen. Ich habe stets dem Film gehört. Ich habe jeden Film gesehen, der je gedreht worden ist, und ich habe im Alter von zwei Jahren damit angefangen. Ich bin zum Bersten voll mit Film. Mit siebzehn sah ich zwölf bis vierzehn Filme pro Woche. Und das sind zusammengerechnet verteufelt viele. Und das bedeutet, dass ich wirklich *alles* gesehen habe, und zwar ebenfalls den Schund. Aber das ist gut. Dadurch kann man lernen, wie man es nicht macht. Nur exzellente Filme zu sehen bildet ganz und gar nicht, denn sie sind ein Mysterium. Ein großartiger Film ist mysteriös. Man kann das Geheimnis nicht lüften. Warum funktioniert *Citizen Kane*? Nun, er tut es einfach. Er ist auf jeder Ebene brillant, und es ist unmöglich, seinen Finger auf irgendein einzelnes Element zu legen und zu entscheiden, dass genau dieses die Stimmigkeit des Filmes ausmacht. Er *ist* einfach stimmig. Ein schlechter Film jedoch hat offensichtliche Fehler, und er bringt einem sehr viel mehr bei: »*Das* darf ich nie tun, das nicht und das auch nicht!«

Es gibt unzählige Berichte über Romanautoren, die mit der Filmadaption ihres Werkes unzufrieden sind. Oft ist ihre Unzufriedenheit Resultat falscher Erwartungen. Können Sie uns ein Beispiel für einen Rat nennen, den Ray Bradbury, der Drehbuchautor, bei seiner Arbeit zu Das Böse *dem Romancier Ray Bradbury hätte geben können?*
Jack und ich diskutierten eine lange Zeit über die Staubhexe. Sie ist eine sehr seltsame Kreatur. Im Roman lasse ich sie mit zugenähten Augen die Bibliothek betreten. Aber wir hatten beide Angst, dass sie einfach nur lächerlich wirken würde, wenn wir dies nicht richtig umsetzen konnten. Also verwandelten wir sie in das Gegenteil – nun ist sie die schönste Frau der Welt (Pam Grier). Doch hin und wieder dreht sie sich urplötzlich um, und die Kinder sehen, was sie unter all der Schönheit ist: ein scheußliches, hässliches Wesen. Und ich denke, auf diese Art funktioniert der Schrecken besser.

Im Buch macht sich Charles Holloway ziemlich viele Gedanken über die Vergänglichkeit der Jugend. Gab es irgendeine Möglichkeit, dies außer durch wehmütige Blicke auszudrücken? Eine Möglichkeit, den internen Monolog, mit dem keine Handlung verbunden ist, beizubehalten?
Es gab sie. Es ist natürlich nicht alles drin, aber wir haben ihn, wie ich denke, verstärkt. Es gab ein Ereignis in Charles Holloways (Jason Robards) Leben, bei dem es ihm nicht gelang, seinen Sohn vor dem Ertrinken zu retten; stattdessen griff der Mann von gegenüber, Mr. Nightshade, ein. Hier haben wir

also eine Saite, die immer wieder gezupft wird. Ganz am Ende schließlich ist es dann an Holloway, seinen Sohn aus dem Spiegellabyrinth zu retten; insofern wird die Symbolkraft unterstrichen.

Dann gibt es überall im Drehbuch kleine Hinweise, wenn der Vater spät abends noch mit der Mutter oder mit dem Jungen auf der Veranda spricht. Das ist das Herrliche an der Filmerei: Man muss eine Person nur auf bestimmte Art dreinblicken oder auf gewisse Weise den Wind spüren lassen, und man kann sich all das Gerede sparen.

Es gibt eine wunderschöne Szene, in der der Vater spät Abends mit Will auf der Veranda sitzt und der Junge sagt: »Ich höre dich manchmal nachts stöhnen. Ich wünschte, ich könnte dich glücklich machen.« Und der Vater erwidert: »Sag mir einfach, dass ich ewig leben werde.« Es bricht einem das Herz.

Was ist mit Hyperbeln? Ich kann mir vorstellen, dass es außer Frage stand, etwas einzuarbeiten, wie »Die Milliarden Stimmen brachen augenblicklich ab, als ob der Zug in einem Feuersturm von der Erde verschwunden wäre.«
Mein lieber, junger Mann, es gibt eine Szene in dem Film, in der die Jungen (Peterson und Shawn Carson) über den Friedhof rennen und den Zug vorbeifahren sehen. Sie ducken sich an den Bahndamm und plötzlich pfeift der Zug Schreie, die Grabsteine erbeben und die Engel weinen Staub. Ah ha!

Es fällt auf, dass Sie gerne Substantive als Verben benutzen. An einer Stelle beschreiben Sie Charles Holloway als »einen Vater, der seine Beine storchte und seine Arme truthahnte.« Kann eine derart deskriptive Sprache es je auf die Leinwand schaffen?
Ein guter Regisseur sollte das umsetzen können.

Und würde man die Vögel dann auch noch sehen?
Ein guter Regisseur würde einen Weg finden, denn im Grunde ist eine Filmaufnahme wie ein Haiku. Man dreht haufenweise Haiku.

Lassen Sie mich Ihnen ein Beispiel geben, worüber wir hier eigentlich reden. Ich halte seit zweiundzwanzig Jahren Film-Vorlesungen an der University of Southern California – ich bin ein paar Mal im Jahr dort –, und oft kommen Studenten zu mir und fragen, ob sie aus meinen Kurzgeschichten Filme machen dürften. Ich antworte: »Sicher. Nehmen Sie sie. Machen Sie es. Aber ich stelle eine Bedingung: Drehen Sie die ganze Geschichte. Lesen Sie, was ich geschrieben habe, und reihen Sie die Aufnahmen an den Absätzen auf. Jeder Absatz ist eine Aufnahme. Der Inhalt des Absatzes sagt Ihnen, ob es sich um eine Nahaufnahme oder eine Totale handelt.« Und, bei Gott, auf diese Art und Weise haben diese Studenten mit ihren kleinen Kameras und einem Budget von fünfhundert Dollar bessere Filme gedreht, als die großen Produktionen, an denen ich beteiligt war, hervorgebracht haben – und das nur, weil sie der Story gefolgt sind.

Alle meine Geschichten sind verfilmbar. *Der Illustrierte Mann* bei Warner Brothers vor ein paar Jahren (1969) funktionierte nicht, weil man dort meine Kurzgeschichten nicht gelesen hatte. Ich bin möglicherweise der filmischste Romanautor in unserem Land. Alle meine Short Storys lassen sich direkt von der Seite abfilmen. Jeder Absatz ist eine Aufnahme.

Als ich Jahre zuvor mit Sam Peckinpah sprach, der *Das Böse* ursprünglich verfilmen sollte, sagte ich zu ihm: »Wie wollen Sie den Film denn drehen, falls wir es in Angriff nehmen?« Er antwortete: »Indem ich die Seiten aus dem Buch rausreiße und sie in die Kamera stopfe.« »Gut«, erwiderte ich.

Und schließlich kommen wir zu der Aufgabe, unter all den Metaphern der Geschichte die geeigneten herauszufinden und sie im richtigen Verhältnis im Drehbuch unterzubringen, sodass die Zuschauer einen nicht auslachen.

Neulich sah ich im Fernsehen *Das einzige Spiel in der Stadt*, George Stevens Film über Spieler in Las Vegas. Warren Beatty und Elizabeth Taylor, die zu dem Zeitpunkt ein wenig stämmig ist. Nach etwa einer halben Stunde sagt die Taylor zu Beatty: »Trag mich ins Schlafzimmer.« Tja, nun, darüber kann man einfach nur lachen. Ich dachte, gleich bricht ihm der Rücken durch. Sie sehen, das war's dann mit Ihrem Film.

Wenn Sie also Fantasy fürs Kino verarbeiten wollen, müssen Sie sicherstellen, dass die Zuschauer nicht vor Lachen von ihren Sitzen fallen.

Wie beginnen Sie den Prozess einer Adaption fürs Kino?
Ich schmeiße alles raus und fange neu an.

Sie schauen niemals aufs Originalmaterial?
Wenn ich ein Drehbuch oder ein Bühnenstück schreibe, das auf meiner eigenen Arbeit basiert, schaue ich niemals auf das Original. Ich schreibe das Stück fertig und sehe dann nach, was ich ausgelassen habe. Man kann immer noch etwas einfügen, wenn es wirklich benötigt wird. Es macht mehr Spaß, die Figuren dreißig Jahre später sprechen zu hören.

Vor zwei Jahren habe ich Fahrenheit 451 für ein Theater in Los Angeles bearbeitet. Ich ging zu meinen Charakteren und sagte: »Hey, ich habe dreißig Jahre nicht mit euch gesprochen. Seit ihr erwachsen geworden? Ich hoffe sehr. Ich nämlich schon.« Und sie waren es natürlich auch. Der Feuerwehrhauptmann zum Beispiel kam zu mir und meinte: »Hey, als Sie mich vor dreißig Jahren entworfen haben, haben Sie vergessen, mich zu fragen, wieso ich eigentlich Bücher verbrenne.« »Verdammt«, sagte ich. Gute Frage. Warum verbrennen Sie Bücher?« Und er erzählte es mir – in einer fantastischen Szene, die in dem Roman nicht enthalten ist. Im Stück dagegen schon. Und ich denke, dass ich irgendwann in der Zukunft meinen Roman nehme, ihn aufklappe und all das neue Material hineinschiebe – denn es ist großartig.

Könnte es passieren, dass Sie dann davon einen neuen Film machen?
Das ist nicht nötig, denn ich liebe den Truffaut-Film. Aber ich würde gerne einen Fernsehfilm von dem Stück mit dem neuen Material machen ... dem Feuerwehrmann eine Chance geben, uns zu erzählen, dass er ein gescheiterter Romantiker ist – er hatte geglaubt, dass Bücher ein Allheilmittel seien. Und das denken wir doch alle irgendwann einmal in unserem Leben, wenn wir Bücher für uns entdecken, oder? Wir glauben, dass wir in einem Notfall nur die Bibel oder Shakespeare oder Emily Dickinson aufschlagen müssten und uns sagen könnten: »Wow! Sie kennen alle Geheimnisse!«

Bei all Ihrem Wissen über das Drehbuchschreiben, über das, was machbar ist und was nicht – haben Sie da kein Interesse daran, selbst Regie zu führen?
Nein, ich möchte nicht mit so vielen Menschen umgehen müssen. Ein Regisseur muss vierzig oder fünfzig Menschen dazu bringen, ihn zu lieben, zu fürchten oder beides gleichzeitig zu tun. Und wie kann man so viele Leute dirigieren, ohne Höflichkeit und geistige Gesundheit zu verlieren? Ich fürchte, ich würde mich ungeduldig gebärden, was ich nicht tun möchte.

Sehen Sie, ich bin es gewohnt, morgens aufzustehen und zur Schreibmaschine zu rennen, und in einer Stunde habe ich eine ganze Welt erschaffen. Ich muss auf niemanden warten. Ich muss niemanden kritisieren. Es ist getan. Alles, was ich brauche, ist eine Stunde, und ich bin allen anderen voraus. Den Rest des Tages kann ich herumlungern. Ich habe am Morgen bereits tausend Worte geschrieben. Wenn ich also drei Stunden Mittagessen will, dann kann ich das tun, weil ich von meinem Arbeitspensum her bereits jeden anderen überrundet habe.

Ein Regisseur sagt: »Oh, Gott, heute bin ich aber gut drauf. Mal sehen, ob ich alle anderen auch in Stimmung bringen kann.« Was, wenn die weibliche Hauptrolle gerade unpässlich ist? Was, wenn der männliche Hauptpart ständig Streit sucht? Wie soll ich damit umgehen?

Und Ihre Figuren stellen Sie niemals vor solche Probleme?
Nie. Ich lasse mir von meinen Ideen nichts gefallen.

Sie schmettern Sie einfach aufs Papier?
Sobald die Dinge schwierig werden, gehe ich weg. Das ist das große Geheimnis der Kreativität. Man muss Ideen wie Katzen behandeln: Sorgen Sie dafür, dass sie Ihnen folgen. Wenn man versucht, sich einer Katze zu nähern und sie hochzunehmen, wehrt sie sich. Sagen Sie einfach: »Zum Teufel mit dir.« Und dann denkt die Katze: »He, Moment mal. Der benimmt sich nicht wie die meisten Menschen.« Und schon folgt Ihnen die Katze aus Neugier – »Hey, was stimmt bloß nicht mit dir, dass du mich nicht liebst?«

Nun, genauso funktioniert es mit Ideen. Verstehen Sie? Sagen Sie einfach: »Verdammt, ich habe es nicht nötig, mich deprimieren zu lassen. Ich habe es nicht nötig, mich zu ärgern.

Ich habe es nicht nötig, Zwang auszuüben.« Die Idee wird mir folgen. Wenn sie gerade nicht aufpasst und bereit ist, geboren zu werden, drehe ich mich um und schnappe sie mir.

1982

Zen in der Kunst des Schreibens

Diesen Titel habe ich ganz offensichtlich wegen seines Effekts gewählt.

Die zu erwartenden unterschiedlichen Reaktionen sollten mir eine bestimmte Leserschaft sichern, auch wenn sie nur aus Neugierigen besteht, die aus Mitleid kamen und bleiben, um mich niederzubrüllen. Der alte Medizinmann vom Kuriositätenkabinett, der durch unser Land reiste, benutzte Dampfpfeifenorgel, Trommel und Schwarzfuß-Indianer, um ungläubiges Staunen hervorzurufen. Ich hoffe, man wird mir verzeihen, wenn ich ZEN hier, zumindest am Anfang, zum gleichen Zweck einsetze.

Denn am Ende werden Sie vielleicht feststellen, dass ich doch keinen Scherz gemacht habe.

Aber lassen Sie uns schrittweise ernst werden.

Nun, mit welchen Wörtern, in zehn Fuß hohen roten Lettern gedruckt, soll ich, jetzt, da ich Sie alle hier vor meinem Podest habe, beginnen?

ARBEIT.
Das ist das erste.
ENTSPANNUNG.
Das ist das zweite. Gefolgt von zwei letzten:
NICHT DENKEN!
So. Und was haben diese Wörter nun mit Zen-Buddhismus zu tun? Was haben sie mit Schreiben zu tun? Mit mir? Aber vor allem, was mit Ihnen?

Lassen Sie uns zuerst einen Blick auf das leicht abstoßende Wort ARBEIT werfen. Es ist vor allem das Wort, um das sich Ihre Karriere lebenslang dreht. Von nun an sollten Sie sich nicht mehr als sein Sklave betrachten, ein Begriff, der ohnehin zu herabsetzend ist, sondern als sein Partner. Wenn Sie erst einmal in echter Partnerschaft mit Ihrer ARBEIT leben, wird dieses Wort seinen Beigeschmack verlieren.

Lassen Sie mich hier kurz unterbrechen, um ein paar Fragen zu stellen. Wie kommt es, dass wir, die wir in einer Gesellschaft mit einem puritanischen Erbe leben, derart ambivalente Gefühle der Arbeit gegenüber haben? Haben wir etwa keine Schuldgefühle, wenn wir gerade mal nichts tun? Anderseits, fühlen wir uns nicht auch ein wenig schmutzig, wenn wir zu stark schwitzen?

Ich kann nur vermuten, dass wir uns oft in unnötige Arbeit stürzen, in überflüssige Geschäfte, nur um uns nicht zu langweilen. Noch schlimmer: Wir kommen auf den Gedanken, allein um des Geldes willen zu arbeiten. Das Geld wird zum Zweck, zum Ziel, zur einzigen Motivation. Und so verwandelt sich die Arbeit, die nur als Mittel zum Zweck dient, in Langeweile. Müssen wir uns dann wirklich wundern, dass wir sie verabscheuen?

Gleichzeitig haben selbstbewusstere Literaten den Gedanken verbreitet, Feder, Pergament, ein Stündchen am Tag und eine *soupçon* Tinte, die geziert aufs Papier gebracht wird, genügen, sofern der Odem der Inspiration vorhanden ist. Besagte Inspiration, die allzu oft aus der letzten Ausgabe der *Kenyon Review* oder einem anderen vierteljährlich erscheinenden Literaturmagazin besteht. Ein paar Wörter pro Stunde, ein paar hingeworfene, skizzierte Absätze pro Tag und – *voilà!*, wir sind Schöpfer! Oder noch besser: Joyce, Kafka, Sartre!

Nichts könnte von echter Kreativität weiter entfernt sein. Nichts könnte vernichtender wirken als diese beiden Einstellungen.

Warum?

Weil beide eine Art von Lüge sind.

Es ist eine Lüge, wenn man mit dem Ziel schreibt, auf dem kommerziellen Markt mit Geld belohnt zu werden.

Es ist eine Lüge, mit dem Ziel zu schreiben, von einer hochnäsigen, quasi-literarischen Gruppe in den intellektuellen Gazetten durch Ruhm belohnt zu werden.

Muss ich sie wirklich erst darauf hinweisen, dass die Literaturmagazine bis zum Rand voll sind mit Beiträgen von jungen Burschen und Mädchen, die sich vormachen, sie seien schöpferisch tätig, obwohl sie lediglich die Schriften und die Schnörkel von Virginia Woolf, William Faulkner oder Jack Kerouac imitieren?

Muss ich Sie wirklich darauf hinweisen, dass die Frauenzeitschriften und andere Massenpublikationen bis zum Rand gefüllt sind mit Texten anderer junger Burschen und Mädchen, die sich einbilden, sie seien schöpferisch tätig, während sie Clarence Buddington Kelland, Anya Seton oder Sax Rohmer imitieren?

Der Avantgarde-Lügner macht sich vor, er würde für seine pedantische Lüge in Erinnerung bleiben.

Der kommerzielle Lügner macht sich auf seinem Gebiet ebenfalls etwas vor, indem er sich sagt, dass er sich zwar tatsächlich in Schräglage bewegt, dies aber nur, weil die Welt geneigt ist ... und *jeder* auf diese Art läuft!

Ich würde mir wünschen, dass jeder, der diesen Artikel liest, an keiner der beiden Lügen interessiert ist. Jeder von Ihnen macht sich Gedanken über Kreativität und möchte dem, was in seinem Inneren einzigartig ist, begegnen. Natürlich wollen Sie Ruhm und Reichtum, aber nur als Lohn für ehrliche gute Arbeit. Bekanntheit und ein fettes Bank-Konto dürfen erst kommen, nachdem alles andere beendet und getan ist. Was bedeutet, dass Sie nicht einmal daran denken dürfen, während Sie an der Schreibmaschine sitzen. Jemand, der eins davon gleich zu Anfang im Sinn hat, lügt auf die eine oder andere Weise: um einem winzigen Publikum zu gefallen, das eine Idee bewusstlos schlagen und schließlich töten wird, oder für ein riesiges Publikum, das eine Idee nicht einmal dann erkennen würde, wenn sie käme und es beißen würde.

Man hört viel über die an den Markt angepasste Literatur, aber nicht genug über die, die sich an literarischen Zirkeln orientiert. Beide Ansätze sind letzten Endes unbefriedigend für einen Autor, der in dieser Welt lebt. Denn niemand erinnert sich an die angepasste Geschichte, niemand spricht über sie, niemand diskutiert darüber, sei es ein verdünnter Hemingway-Abklatsch oder Elinor Glyn im dritten Aufguss.

Was ist die schönste Belohnung, die ein Schriftsteller erhalten kann? Ist es nicht der Tag, an dem jemand mit vor Bewunderung glühenden Augen und einem vor Aufrichtigkeit strahlendem Gesicht vor Sie tritt und voller Inbrunst sagt: »Die neue Geschichte, die Sie da geschrieben haben, war gut, einfach wunderbar!«

Dann und nur dann hat das Schreiben einen Sinn.

Plötzlich zerfällt die Aufgeblasenheit der intellektuellen Langweiler zu Staub. Plötzlich sind die erfreulichen Honorare der von Anzeigen prallen Zeitschriften unwichtig.

Selbst die abgebrühtesten kommerziellen Autoren lieben einen solchen Augenblick.

Selbst die affektiertesten literarischen Autoren leben für einen solchen Augenblick.

Und Gott in seiner Weisheit schenkt solche Momente gerne dem geldgierigsten aller Auftragsschreiber oder dem ruhmgierigsten aller Literaten.

Denn inmitten des Tagewerks kommt plötzlich eine Zeit, in der sich der alte Geldschreiber plötzlich so sehr in eine Idee verliebt, dass er davon stürmt, dass er schwitzt, keucht, rast und dass er ganz gegen seine Gewohnheit aus dem Herzen herausschreibt.

Und auch der Mann mit dem Federkiel wird plötzlich vom Fieber gepackt und gibt seine purpurfarbene Tinte zugunsten glühender Inspiration auf. Dann ruiniert er Dutzende von Federn, erhebt sich Stunden später mitgenommen aus dem Bett der Schöpfung und sieht aus, als habe er eine Lawine durch sein Haus geschleust.

Nun fragen Sie sich vielleicht, was geschehen ist. Was hatte diese beiden beinahe zwanghaften Lügner dazu veranlasst, die Wahrheit zu sagen?

Holen wir noch einmal meine Schilder hervor.

ARBEIT.

Es ist klar, dass beide Männer gearbeitet haben.

Und die Arbeit selbst nimmt nach einer Weile einen Rhythmus an. Das Mechanische verschwindet. Der Körper übernimmt. Die Mauer der Abwehr bröckelt. Was geschieht dann?

ENTSPANNUNG.

Und dann halten sich diese Männer fröhlich an meinen letzten Rat:

NICHT DENKEN!

Was zu weiterer Entspannung und mehr Spontaneität und größerer Kreativität führt.

Nun, nachdem ich Sie gründlich verwirrt habe, möchte ich eine Pause machen, um Ihren entsetzten Aufschrei zu vernehmen.

Unmöglich!, behaupten Sie. Wie kann man arbeiten und dabei entspannen? Wie kann man schöpferisch tätig sein ohne, zu einem nervösen Wrack zu werden?

Man *kann*. Es *geschieht* – jeden Tag der Woche, jedes Jahr. Athleten tun es. Maler tun es. Bergsteiger tun es. Zen-Buddhisten mit ihren kleinen Pfeilen und Bogen tun es.

Selbst ich kann es tun.

Und wenn sogar ich es tun kann, dann können *Sie*, wie Sie jetzt wahrscheinlich durch zusammengebissene Zähne hervorzischen, es auch tun!

In Ordnung, halten wir die Schilder noch einmal hoch. Im Grunde genommen können wir sie in beliebiger Reihenfolge anordnen. ENTSPANNUNG und NICHT DENKEN! könnten zuerst oder gleichzeitig kommen und anschließend ARBEIT.

Aber lassen Sie sie uns aus Bequemlichkeit auf diese Art und Weise anordnen und ein weiteres hinzufügen:

ARBEIT
ENTSPANNUNG
NICHT DENKEN
TIEFERE ENTSPANNUNG

Sollen wir das erste Wort analysieren?

ARBEIT

Sie haben gerade gearbeitet, oder?

Oder haben Sie vor, eine Art Zeitplan zu erstellen, sobald Sie diesen Artikel aus der Hand gelegt haben?

Und was für einen Zeitplan?

Vielleicht etwas in der Art: Eintausend oder zweitausend Wörter pro Tag in den nächsten zwanzig Jahren. Am Anfang könnten Sie eine Kurzgeschichte pro Woche anpeilen, was zweiundfünfzig Geschichten pro Jahr macht. Das Ganze fünf Jahre lang. Sie werden sehr viel schreiben und wegpacken oder verbrennen müssen, bevor Sie sich in diesem Genre wohl fühlen. Deshalb können Sie ebenso gut direkt anfangen und die notwendige Arbeit tun.

Denn ich glaube, dass aus Quantität letztendlich Qualität wird.

Wie kommt das?

Michelangelos, da Vincis, Tintorettos Milliarden Skizzen führten zu einzelnen, ausgearbeiteten Zeichnungen, einzelnen Portraits, einzelnen Landschaftsbildern von unglaublicher Kunstfertigkeit und Schönheit.

Ein großer Chirurg seziert und zerlegt tausend Körper, Gewebe, Organe und bereitet sich so auf die Zeit vor, in der Qualität zählt – dann nämlich, wenn er ein lebendes Wesen unter seinem Messer hat.

Ein Athlet muss vielleicht zehntausend Meilen laufen, um sich auf einen Hundert-Meter-Lauf vorzubereiten.

Quantität bringt Erfahrung. Nur aus Erfahrung kann Qualität entstehen.

Jede Kunst, groß und klein, bedeutet die Eliminierung überflüssiger Bewegung zugunsten einer präzisen Deklaration.

Der Künstler lernt, was auszulassen ist.

Der Chirurg weiß, wie er direkt zur Quelle des Problems kommt, wie er Zeitverschwendung und Komplikationen vermeiden kann.

Der Athlet lernt, wie er seine Kräfte schont, wie und wann er sie einzusetzen hat, wann er den einen Muskel, statt des anderen aktivieren muss.

Verhält es sich beim Schriftsteller anders? Ich glaube nicht.

Seine größte Kunst ist oft in dem, was er nicht sagt, in dem was er auslässt, in seiner Fähigkeit, mit klaren Emotionen schlicht darzustellen, welchen Weg er einschlagen will.

Der Künstler muss so hart und so lange arbeiten, bis in seinen Fingern ein unabhängiger Schöpfergeist beginnt, ein eigenes Leben zu führen.

So ist es bei dem Chirurg, dessen Hände schließlich, wie die eines da Vinci lebensrettende Bilder auf das Fleisch eines Menschen zeichnet.

Und so geht es dem Athlet, dessen Körper ausgebildet wird und seinen eigenen Geist entwickelt.

Durch die Arbeit, durch quantitative Erfahrung, befreit der Mensch sich von der Verpflichtung, etwas anderes in Angriff zu nehmen, als die vor ihm liegende Aufgabe.

Der Künstler darf nicht an das Lob der Kritiker oder an Geld denken, die er für seine Bilder bekommen mag. Er darf nur an die Schönheit denken, die darauf wartet lebendig zu werden.

Der Chirurg darf nicht an sein Gehalt denken, sondern nur an das pulsierende Leben unter seinen Händen.

Der Athlet muss die Menschenmenge ignorieren und seinen Körper das Rennen laufen lassen.

Der Schriftsteller muss seine Finger die Geschichte seiner Figuren schreiben lassen, die, da sie auch nur menschlich und voller merkwürdiger Träume sind, nur allzu froh sein werden, endlich loslaufen zu dürfen.

Also arbeiten Sie. Harte Arbeit bereitet den Weg für das erste Stadium der Entspannung, in dem man beginnt, sich dem zu nähern, was Orwell *Nichtdenk!* genannt haben würde. Wie in einem Schreibmaschinenkurs wird der Tag kommen, an dem die einzelnen Buchstaben a s d f und j k l ö in einem Strom von Worten zu fließen beginnen.

Darum sollten wir nicht auf frühere Arbeit herabsehen oder die fünfundvierzig von zweiundfünfzig Geschichten, die wir im ersten Jahr geschrieben haben, als Versagen betrachten. Versagen heißt aufgeben. Aber Sie befinden sich mitten in einem Entwicklungsprozess. In dem gibt es kein Versagen. Es geht immer weiter. Die Arbeit ist getan und wenn sie gut war, lernen Sie davon. War sie schlecht, dann lernen Sie umso mehr. Hinter Ihnen liegt eine Lektion, die es zu studieren gilt. Es gibt kein Versagen, es sei denn Sie hören auf. Nicht arbeiten heißt innehalten, sich verspannen, nervös werden und das wirkt sich zerstörerisch auf den kreativen Prozess aus.

Sie sehen also, wir arbeiten nicht um der Arbeit willen, produzieren nicht um der Produktion willen. Wenn das der Fall wäre, hätten Sie Recht damit, Ihr Gesicht in den Händen zu vergraben und sich entsetzt von mir abzuwenden. Stattdessen versuchen wir, einen Weg zu finden auf dem wir der Wahrheit beggnen, die in uns allen verborgen ist.

Wird es jetzt nicht deutlich, dass wir der Entspannung immer näher kommen, je mehr wir über Arbeit reden?

Verkrampfung entsteht durch Unkenntnis oder weil wir aufgegeben haben, nach dem Wissen zu suchen. Arbeit, die uns Erfahrung vermittelt, führt zu neuem Selbstvertrauen und schließlich zu Entspannung. Jener Art dynamischer Entspannung wie in der Bildhauerei, wenn der Künstler seinen Fingern nicht befehlen muss, was sie tun sollen. Der Chirurg seinem Skalpell nicht befiehlt, was es tun soll. Oder der Athlet seinem Körper nichts befiehlt und doch plötzlich ein natürlicher Rhythmus erreicht wird. Der Körper denkt selbst.

Also wieder die drei Schilder. Ordnen Sie sie in beliebiger Reihenfolge. ARBEIT ENTSPANNUNG NICHT DENKEN. Vorher betrachten Sie sie einzeln. Dann alle drei im Zusammenhang. Denn wenn man arbeitet, entspannt man sich schließlich und hört auf zu denken. Dann entsteht wahre Schöpfung – und nur dann!

Aber Arbeit ohne die richtige Denkweise ist beinahe nutzlos. Selbst wenn ich mich wiederhole, der Autor, der an der tieferen Wahrheit in seinem Inneren rühren will, muss den Versuchungen von Joyce oder Camus oder Tennessee Williams, wie sie in den Literaturrezensionen zur Schau gestellt werden, widerstehen. Er muss das Geld, das hohe Auflagen versprechen, vergessen. Er muss sich fragen, »Was denke ich wirklich über diese Welt, was liebe ich, fürchte ich, hasse ich?«, und anfangen, dies zu Papier zu bringen.

Dann, durch Emotionen und regelmäßige Arbeit über einen langen Zeitraum, wird sich sein Schreiben entwickeln; er wird sich entspannen, weil er auf die richtige Weise denkt, und er wird sogar noch richtiger denken, weil er entspannt ist. Die beiden Begriffe werden austauschbar werden. Und letzten Endes wird er beginnen, sich selbst zu erkennen. Des Nachts wird die Phosphoreszenz seines Inneren lange Schatten an die Wand werfen. Und schließlich wird der Prozess, das Verschmelzen von Arbeit, nicht denken und Entspannung, wie der Blutkreislauf im eigenen Körper werden – fließen, weil er fließen muss, aus dem Herzen kommen, weil er von dort kommen muss.

Was versuchen wir in diesem Fluss zu entdecken? Eine einzigartige Person, die durch nichts zu ersetzen ist, die auf dieser Welt kein Duplikat hat. *Sie.* Genauso wie es nur einen Shakespeare, Molière, Dr. Johnson gibt, so sind Sie dieses kostbare Gut, das Individuum, der Mensch, den wir alle demokratisch proklamieren, aber der sich so oft verirrt oder sich im allgemeinen Durcheinander verliert.

Wieso verliert?

Durch falsche Ziele, wie ich bereits gesagt habe. Indem man zu rasch literarischen Ruhm anstrebt. Weil man zu früh auf Geld hofft. Wenn wir uns doch nur stets daran erinnern könnten, dass Ruhm und Reichtum Gaben sind, die wir erst bekommen, *nachdem* wir die Welt mit unseren besten, unseren einsamen, unseren ganz eigenen Wahrheiten beschenkt haben.

Was denken Sie über die Welt? Sie filtern als Prisma das Licht der Welt; es brennt durch Ihren Geist, um ein ganz eigenes Abbild aufs Papier zu werfen, anders als jeder andere auf der Welt.

Lassen Sie sich von der Welt durchglühen. Projizieren Sie das gleißende Licht des Prismas auf Papier. Präsentieren Sie Ihr ganz eigenes spektroskopisches Abbild.

Dann werden Sie – als ein neues Element! – entdeckt und benannt!

Dann, Wunder über Wunder, werden Sie möglicherweise sogar in den Literaturmagazinen gelobt werden. Und eines Tages – Sie sind inzwischen ein solventer Bürger – kommt jemand auf Sie zu, der Sie verwirrt und beglückt, indem er ein aufrichtiges »Gut gemacht!« ausruft.

Das Gefühl der Minderwertigkeit, das manche Menschen empfinden, beruht sehr oft auf echter Unterlegenheit in seinem Handwerk, einfach aus Mangel an Erfahrung. Arbeiten Sie, sammeln Sie Erfahrungen, damit Sie sich in Ihrem Element Schreiben wohl fühlen wie ein Schwimmer, der sich im Wasser treiben lässt.

Es gibt auf der Welt nur eine einzige Art, Ihre Geschichte zu schreiben. Ihre Art. Wenn Sie *Ihre* Geschichte schreiben, werden Sie sie wahrscheinlich jedem Magazin verkaufen können.

Weird Tales lehnte Geschichten ab, die ich überarbeitet an *Harper's* verkaufen konnte.

Planet Stories lehnte Geschichten ab, die ich an *Mademoiselle* verkaufte.

Warum? Weil ich immer versucht habe, meine eigenen Geschichten zu schreiben. Versehen Sie sie mit einem Etikett, wenn Sie wollen, nennen Sie sie Science-Fiction, Fantasy, Horror oder Western. Doch im Grunde sind alle guten Storys von der *einen* Art, geschrieben von einem Individuum aus seiner individuellen Wahrheit heraus. Diese Art von Geschichte kann in jede Zeitschrift, sei es die *Post* oder *McCall's*, *Astounding Science Fiction*, *Harper's Bazaar* oder *The Atlantic*, passen.

Ich möchte jedoch hinzufügen, dass Imitation für den angehenden Schriftsteller natürlich und notwendig ist. In den Jahren der Vorbereitung muss ein Autor sich den Bereich aussuchen, in dem er glaubt, seine Ideen adäquat entwickeln zu können. Wenn seine Wesen sich in irgendeiner Weise Hemingways Philosophie verbunden fühlt, dann ist es nur richtig, dass er Hemingway imitiert. Wenn Lawrence sein Idol ist, wird es eine Periode geben, in der er Lawrence imitiert. Wenn die Western von Eugene Manlove Rhodes Einfluss ausüben, dann wird sich das im Werk des Autors zeigen. Arbeit und Imitation fügen sich im Lernprozess zusammen. Nur wenn Imitation seine natürliche Funktion verliert, hindert sie einen Menschen daran, wahrhaft kreativ zu werden. Manche Schriftsteller brauchen Jahre, manche nur ein paar Monate, bevor sie auf die wirklich einzigartige Story in ihrem Inneren stoßen. Nach Millionen imitierter Wörter gelang mir mit zweiundzwanzig Jahren plötzlich der Durchbruch – oder besser: Ich entspannte mich in der Originalität einer Science-Fiction-Story, die ganz und gar aus mir selbst entstand.

Denken Sie immer daran, dass es ein großer Unterschied ist, ob man sich einen Bereich aussucht, in dem man schreiben möchte, oder ob man aus Anpassung einen Bereich wählt. Wenn Ihre große Liebe zufällig die Welt der Zukunft ist, dann ist es nur richtig, dass Sie Ihre Energien auf Science-Fiction konzentrieren. Ihre Leidenschaft wird Sie davor schützen, über den erlaubten Lernprozess hinweg zu imitieren oder sich anzupassen. Kein innig geliebter literarischer Bereich kann für einen Autor negative Auswirkungen haben. Nur das Schreiben für den Markt kann großen Schaden anrichten.

Warum werden in unserer Zeit nicht mehr »kreative« Storys geschrieben und verkauft? Hauptsächlich, denke ich, weil viele Autoren keine Ahnung haben von der Möglichkeit so zu arbeiten, wie ich es hier beschrieben habe. Wir sind so an die Dichotomie von »literarisch« im Gegensatz zu »kommerziell« gewöhnt, dass wir den Mittelweg bislang weder in Betracht gezogen, noch ihn mit einer Bezeichnung versehen haben. Dabei ist dieser Mittelweg der effektivste Weg zum kreativen Prozess, und darüber hinaus ebenso nützlich für Snobs wie für Auftragsschreiber. Wie üblich haben wir unser Problem gelöst – oder glauben, es gelöst zu haben –, indem wir alles in zwei Schubladen mit zwei verschiedenen Etiketten einsortiert haben. Alles, was nicht in die eine oder andere Schublade passt, passt nirgendwo hinein. Solange wir auf diese Art denken und handeln, werden unsere Schriftsteller nicht aufhören, sich zu fesseln und zu knebeln. Aber die Überholspur, der Glücksweg liegt dazwischen.

Und nun – überrascht es Sie? – muss ich Ihnen ernsthaft ans Herz legen, *Zen in der Kunst des Bogenschießens* von Eugen Herrigel zu lesen. In diesem Werk tauchen die Worte – oder ähnliche Begriffe – ARBEIT, ENTSPANNUNG, NICHT DENKEN in anderen Zusammenhängen und unter anderen Aspekten auf.

Bis vor einigen Wochen hatte ich nicht die geringste Ahnung von Zen. Das Wenige, das ich jetzt weiß – denn Sie sind sicher neugierig, wie ich zu meinem Titel kam –, ist, dass auch hier, in der Kunst des Bogenschießens, viele Jahre ins Land gehen, in denen man nichts weiter als das Spannen des Bogens und das Anlegen des Pfeils übt. Danach folgt der manchmal ermüdende, zermürbende Prozess, sich darauf vorzubereiten, die Sehne, den Pfeil loszulassen. Der Pfeil fliegt auf sein Ziel zu, an das man niemals denken darf.

Ich glaube nicht, dass ich Ihnen nach diesem langen Artikel den Zusammenhang zwischen Bogenschießen und der Kunst des Schreibens erklären muss. Ich habe Sie bereits davor gewarnt, an Ziele zu denken.

Es ist lange her, dass ich instinktiv begriff, welche Rolle Arbeit in meinem Leben spielen sollte. Vor mehr als zwölf Jahren schrieb ich mit Tinte rechts neben meine Schreibmaschine: NICHT DENKEN! Können Sie es mir übelnehmen, dass ich entzückt bin, nach so vielen Jahren in Herrigels Buch über eine Bestätigung dafür zu stolpern?

Die Zeit wird kommen, in der Ihre Figuren die Geschichte für Sie schreiben werden, in der Ihre Emotionen frei von literarischer Neigung und kommerziellem Hang die Seite sprengen und die Wahrheit verkünden werden.

Erinnern Sie sich? *Plot* ist nichts anderes als Fußstapfen, die Ihre Figuren im Schnee hinterlassen haben, *nachdem* sie auf dem Weg zu unfassbaren Schicksalen an uns vorbeigestürmt sind. Der Plot wird nach der Handlung sichtbar, nicht davor. Er kann der Handlung nicht vorangehen. Er ist das Diagramm, das bestehen bleibt, wenn die Handlung vorüber ist. Und das ist alles, was der Plot sein darf. Es ist das menschliche Verlangen, das, losgelassen, voranstürmt und sein Ziel erreicht. Dies kann nicht mechanisch sein. Dies kann nur dynamisch sein.

Treten Sie also zur Seite, vergessen Sie Ziele und lassen Sie Ihre Figuren, Ihre Finger, Ihren Körper, Ihr Blut und Herz einfach *tun*.

Konzentrieren Sie sich nicht auf Ihren Nabel, sondern auf Ihr Unbewusstes und tun Sie dies mit dem, was Wordsworth eine »weise Passivität« nannte. Sie werden auf Zen zurückgreifen müssen, um eine Lösung für Ihre Probleme zu finden. Zen folgt wie alle Philosophien ausschließlich den Spuren der Menschen, die durch ihren Instinkt lernten, was ihnen gut tat. Jeder Drechsler, jeder Bildhauer, der seinen Marmor wert ist, jede Ballerina, setzt das, was Zen predigt, in die Tat um, ohne je von diesem Wort gehört zu haben.

»Es ist ein weiser Vater, der sein Kind kennt« sollte zu »Es ist ein weiser Schriftsteller, der sein Unbewusstes kennt« umgeschrieben werden – und der es nicht nur kennt, sondern es auch von der Welt sprechen lässt. Weil nur das Unbewusste – und dies allein – sie erspürt und zu seiner ganz eigenen Wahrheit formt.

Schiller riet denen, die komponierten, »die Zuschauer von den Toren der Intelligenz zu verjagen«.

Coleridge bezeichnete es als »die strömende Natur der Assoziation, die das Denken formt und steuert«.

Und zuletzt, als zusätzlichen Lesestoff zur Unterstützung dessen, was ich hier gesagt habe, empfehle ich Aldous Huxleys

The Education of an Amphibian in seinem Buch *Tomorrow and Tomorrow and Tomorrow.*

Auch ein wirklich nützliches Buch ist Dorothea Brandes *Schriftsteller werden*. Es ist zwar schon vor vielen Jahren veröffentlicht worden, beschreibt aber viele effektive Wege, wie ein Autor herausfinden kann, wer er ist und wie er das, was in ihm liegt, – oft durch Wortassoziation – zu Papier bringen kann.

Und? Finden Sie, dass ich mich wie ein Kultanhänger angehört habe? Wie ein Yogi, der sich von Kumquats, Nüssen und Mandeln gleich hier unter dem Banyan-Baum ernährt? Seien Sie versichert, dass ich Ihnen nur deshalb all diese Dinge nahelege, weil sie mir seit fünfzig Jahren helfen. Und weil ich glaube, dass sie auch Ihnen helfen können. Das wird sich nur zeigen, wenn Sie es ausprobieren.

Seien Sie einfach pragmatisch. Wenn Sie mit Ihrer Arbeitsweise nicht zufrieden sind, dann versuchen Sie es mit meiner.

Und wenn Sie es tun, werden Sie, glaube ich, sehr bald ein neues Wort für den Begriff *Arbeit* finden.

Und dieses Wort heißt LIEBE.

1973

Abweichende Titel erwähnter Bücher oder Stücke von Ray Bradbury

Der Bote auch: *Der Sendbote* oder *Der Zwischengänger*
Das Ding auf der Treppe auch: *Das Ding am Kopfende der Treppe*
Küstenstreifen bei Sonnenuntergang auch: *Sonnenuntergang an der Küste*
Es werden kommen leise Regen auch: *Sanfte Regen werden kommen*
Scheint der Mond in heller Pracht auch: *Und schien der Mond mit aller Pracht* oder *So hell des Mondes Pracht*
Baby auch: *Ein kleiner Mörder*
Der entsetzliche Brand des großen Landhauses auch: *Die schreckliche Feuersbrunst drüben im Landhaus*
Der Spuk im neuen Haus auch: *Der Fluch des Neuen*
Ein Donnerschlag auch: *Ferner Donner*

Ray Bradbury

1920 in Waukegan in Illinois geboren, verstorben 2012 in Los Angeles.

Schon als Schüler schrieb er Erzählungen, wurde 1937 Mitglied in der Los Angeles Science Fiction League und im Poetry Club. Die erste Erzählung veröffentlichte er mit 18 Jahren in der Zeitschrift *Imagination!* Weitere Texte folgten unter verschiedenen Pseudonymen.

Der literarische Durchbruch gelang Bradbury 1950 mit *Die Mars-Chroniken*. 1953 erschien *Fahrenheit 451*, sein berühmtester Roman, den François Truffaut verfilmte. Ray Bradbury war mit Filmemachern befreundet und auch an Spielfilmen und Fernsehserien beteiligt, teilweise unter Pseudonymen. Der »Louis Armstrong der Science-Fiction« (Kingsley Amis) hat aber auch Kinderbücher und Gedichte und Drehbücher geschrieben, wie jenes zu ›Moby Dick‹ von John Huston. Pseudonyme, die er verwendete, sind unter anderem William Elliott, Leonard und Douglas Spaulding, Edward Banks, D. R. Banat und Brett Sterling.

Auf Ray Bradburys Roman *Fahrenheit 451*, in dem der Besitz von Büchern unter Strafe steht, spielt der HTTP-Code für Webseiten an, die der Zensur zum Opfer fielen und nicht angezeigt werden dürfen: *Error 451*.

Verlagsanzeigen

»*Endlich eine Anleitung zum Schreiben, die es wirklich ernst meint.*«
Zitty

Dorothea Brande
Schriftsteller werden
Der Klassiker über das Schreiben und
die Entwicklung zum Schriftsteller
136 Seiten
ISBN 978-3-86671-069-6

Schriftsteller werden erschien erstmals 1934 und gilt als Klassiker über den schöpferischen Prozess des Schreibens und den inneren Weg zur Entwicklung der Schriftstellerpersönlichkeit. Die Autorin gibt handfeste Ratschläge und erprobte Tipps aus ihren Schriftstellerseminaren, ergänzt durch praktische Übungen. Um von Handbüchern, die sich mit den handwerklichen Aspekten des Schreibens befassen, richtig profitieren zu können, sollte jeder angehende Schriftsteller zunächst dieses Buch lesen.

»*Ein wahrer Klassiker ... die Ratschläge der Lektorin und Literatur-Dozentin werden wohl in jedem Seminar über Kreatives Schreiben zitiert.*«
Oberhess. Presse

»Dieses wunderbare Buch gehört auf jedes Autorenregal.«
DIE WELT

Sol Stein
Über das Schreiben
Deutsch von Waltraud Götting
464 Seiten · Hardcover
ISBN 978-3-86671-126-6

Der Autor und Meisterlektor berühmter Schriftsteller weiß, worüber er schreibt: Er ist ein international erfolgreicher Bestsellerautor, war 36 Jahre Lektor berühmter Autoren (James Baldwin, Dylan Thomas, Elia Kazan u.v.a.) und ist als Lehrer für Creative Writing ausgezeichnet worden. Das wohl bekannteste Handbuch für Autoren ist absolut praxisbezogen. Es zeigt die verschiedenen Schreibtechniken und unterschiedlichen Genres, wie Texte interessant werden oder wie ein verunglücktes Manuskript repariert, ein gutes verbessert werden kann.

»Ein gut verständlicher, spannender, übersichtlicher und kompetenter Ratgeber.«
Buchhändler heute

Roy Peter Clark
Die 50 Werkzeuge für gutes Schreiben
Handbuch für Autoren, Journalisten, Texter
350 Seiten · Hardcover
ISBN 3-978-3-86671-031-3

Schreiben ist ein Handwerk, das man lernen kann, sagt Roy Peter Clark. Man braucht dazu Werkzeuge, nicht Regeln. Seine 50 Werkzeuge und die mehr als 200 Textbeispiele und Übungen helfen jedem Autor besser zu schreiben.

»Egal, was Sie schreiben, einen Blog, einen Liebesbrief, den nächsten großen Roman – hier gibt es praktische Ratschläge, die man mit Vergnügen liest.«
Times

»*Das Drehbuch wurde rund vierzigmal neu aufgelegt und in zweiundzwanzig Sprachen übersetzt. Es ist zum Standardwerk der Filmbranche geworden.*«

Syd Field
Das Drehbuch
Die Grundlagen des Drehbuchschreibens
Schritt für Schritt vom Konzept zum fertigen Drehbuch
Deutsch von Kerstin Winter

Überarbeitete und erweiterte Neuausgabe
463 Seiten
ISBN 978-3-86671-019-1

Von der Eröffnungsszene bis zum fertigen Drehbuch, vom Konzept bis zur Schaffung von Charakteren finden angehende und erfahrene Drehbuchautoren konkrete Ratschläge und Anleitungen zur professionellen Drehbucharbeit. Mit der neuen, aktuellen Überarbeitung seines Bestsellers beweist Syd Field, warum er als Meister des Drehbuchs gilt … und warum *Das Drehbuch* zum Standardwerk der Filmwirtschaft geworden ist.

*»Das legendäre Handbuch für
Roman- und Drehbuchautoren«*

Ronald. B. Tobias
20 Masterplots
Die Basis des Story-Building
in Roman und Film
Deutsch von Petra Schreyer
320 Seiten · Hardcover
ISBN 978-3-86671-131-0

*»Anhand einfacher Geschichten erläutert
er in 20 Masterplots die beständige
Gültigkeit der aristotelischen Definition
… In der Folge beschreibt der Autor
zwanzig bewährte Muster.«*
   DIE ZEIT

Louise Doughty veröffentlichte wöchentlich eine Kolumne in der Online-Ausgabe des ‚Daily Telegraph' unter dem Titel *A Novel in a Year*. Die Resonanz der Leser begann unmittelbar am nächsten Tag und war überwältigend.

Louise Doughty
Ein Roman in einem Jahr
Eine Anleitung in 52 Kapiteln
5. Auflage,
280 Seiten · Hardcover
ISBN 978-3-86671-071-9

Ein Roman in einem Jahr ist scharfsichtig, freimütig und witzig, die Kapitel, so geordnet und angelegt, dass der Leser sich jede Woche ein Thema vornehmen kann, um am Ende eines Jahres seinen Roman zu beenden. Denn an jedes zweite Kapitel schließt eine praktische Übung an, die dabei hilft, Ideen zu entwickeln, aus denen ein Buch entstehen kann.

»*Endlich gibt es ein Handbuch speziell für Kinderbuch- und Jugendbuch-Autoren – von einer erfahrenen Schriftstellerin auf diesen Gebieten! Sylvia Englert hat über 50 Bücher veröffentlicht, weiß also worüber sie schreibt.*«

Sylvia Englert
Handbuch für Kinder- und Jugendbuchautoren
Bilderbuch, Kinderbuch, Jugendroman, Sachbuch – schreiben, illustrieren und veröffentlichen
272 Seiten · Hardcover
ISBN 978-3-86671-104-4

»*Von der Entwicklung einer Idee für ein Projekt bis zum fertigen Buch – mit zahlreichen Beispielen, Anregungen und praktischen Tipps zum Handwerk des Schreibens, zum Redigieren des fertigen Textes sowie zum Umgang mit Verlagen.*«
Informationsdienst für Bibliotheken

Albert Zuckerman, Gründer von Writers House, über Kunst und Handwerk, einen Bestseller zu schreiben.

Ken Follett, ist einer der erfolgreichsten Schriftsteller mit mehr als 100 Millionen verkaufter Exemplare.

Albert Zuckerman
**Bestseller schreiben:
Wie Ihnen mit der
Outlining-Methode
Erfolgsromane gelingen**
Mit Textbeispielen
von Ken Follett
und anderen Bestsellerautoren
320 Seiten · Hardcover
ISBN 978-3-86671-145-7

Ein Literaturagent und ein weltbekannter Schriftsteller verraten, wie man Erfolgsromane konzipiert, schreibt und überarbeitet. Mit Outlines von Ken Follett und Textbeispielen anderer Bestsellerautoren.

»Ein ganz wunderbares Buch über das Schreiben, das hoch motiviert.«
Radio Berlin Brandenburg

Natalie Goldberg
Schreiben in Cafés
Writing Down the Bones
6. Auflage · 200 Seiten · Hardcover
ISBN 978-3-86671-060-3

Mehr als 1 Mio. Exemplare
der Originalausgabe

Natalie Goldberg ist Schriftstellerin, Dichterin und Dozentin. Sie lebt in Taos, New Mexico und lehrt an Universitäten und in Schreibwerkstätten ihre Methoden des Kreativen Schreibens, die sie in diesem Buch zusammengefasst hat.

»Wundervolles Buch«

Julia Cameron
Von der Kunst des kreativen Schreibens
Der Weg zum inspirierten Schriftsteller
328 Seiten, Hardcover mit Lesebändchen
ISBN 978-3-86671-148-8

In diesem Buch stellt Julia Cameron *(Der Weg des Künstlers)* ihre erfolgreichen »Morgenseiten« und andere Kreativitätstechniken vor. Mithilfe zahlreicher Beispiele und Übungen gelingt es den Lesern, ihre Kreativität zu entwickeln und das Schreiben zu einem intensiven Teil ihres Lebens zu machen.

Julia Cameron ist Künstlerin, Bestsellerautorin und Dozentin. Sie schreibt Drehbücher für Film und Fernsehen und produziert Dokumentarfilme; ihre journalistischen Arbeiten wurden mehrfach ausgezeichnet.